관계를 회복하고 배움이 일어나는 평화로운 학교 공동체 만들기

학교, 서클대화가 필요해!

손연일·심선화·장경아 지음

북트리

관계를 회복하고 배움이 일어나는 평화로운 학교 공동체 만들기

학교, 서클대화가 필요해!

손연일·심선화·장경아 지음

북트리

추천사

"자신의 경험에서 사랑에 대해 알게 된 한 가지가 있다면 무엇인가?"
서문에서 만난 질문처럼 이 책은 사랑의 힘을 다시 불러내고 되찾는 안내서가 될 것이다. 소개된 서클대화는 교사로서 자기 내면과 깊이 만나 자신 안에 사랑을 회복하도록 돕고, 나아가 돌봄에 기초한 학교 공동체가 되게 하는 여정을 안내한다. 세 분 안에서 나온 사랑의 씨실과 날실들로 엮어진 이 안내의 메시지가 학교 현장 교사들의 마음에 와닿으리라 믿는다. 우리 안에는 우리를 분리시키는 외적인 힘보다는 우리의 생명 안에 사랑하며 하나 되게 하는 마음이 숨어있다는 것을 저자들처럼 나도 신뢰하기 때문이다.

교육센터 마음의씨앗 대표 손선숙

회복적 서클과 HIPP 워크숍을 진행하면서 저자들을 처음 만났다. 지금은 삶과 일상에서, 그리고 학교와 사회에서 서클 운동을 함께 하는 동료가 되었다.

이 책은 세 분의 저자가 치열하게 자신들의 자리에서 배움을 적용하면서 얻은 성장과 기쁨, 회복과 가능성을 동료 교사들에게 친절하게 안내한다. 그리고 그동안의 배움과 경험을 성찰하고, 다양한 서클프로세스를 이해할 수 있도록 담담히 기록하여 서클의 길, 평화의 길로 부르는 초대장이다. 서클의 가치를 실현하기 위해 계속해서 배우고 성장하며, 갈등 속에서 다시 회복하고 치유하는 일상을 만드는 데 동행하자는 이 초대가 반가울 따름이다.

> 비폭력평화물결 공동대표 김석봉

세 분의 오랜 각각의 실천들이 알알이 구슬로 반짝이다 이제 책으로 꿰어진 보물이 되었다. 풍부한 실제 사례를 통해 한국의 교육 현장에 무엇이 필요한지 도움을 주는 이야기로 가득하다. 다양한 역할이 요구되는 교사의 삶을 잘 꾸려가기 위해서는 여러 제도적 장치도 필요하지만, 무엇보다 교사 내면의 삶을 돌보는 것이 필수라는 것을 세 분의 이야기에서 발견할 수 있다.

이 책이 교사를 포함한 다양한 교육전문가들의 교육적 고민에 솔루션을 제공하고, 학생들의 삶이 미래의 행복에 저당 잡히지 않고 '지금 여기서 행복하기'에 크게 기여하리라 확신한다.

> 비폭력평화교육센터 정혜경

생소했던 '서클'을 경험하며 한 인간으로 또 진정한 교사로 살아가기 위해 끊임없이 고민하며 내면의 소리에 귀 기울이는 이들이 있다.

현장에서 맞닥뜨리는 아찔함과 반복되는 좌절에도 변화의 씨앗을 발견하고, 학생들과 동료들 간의 새로운 관계 맺기를 위한 치열함 속에서도 서로를 격려하며 감사로 에너지를 얻어온 과정이 10여 년이다. 그 여정이 하나의 책으로 묶여 친절한 안내서가 되었다. 학생들과 동료들 간의 진심 어린 소통과 평화로운 삶을 위한 여러 시도가 총 망라된 이 책은 그것 자체로 이 시대의 도전이며 희망이다.

동네책방 숨 대표 이진숙

책의 저자들과 각각 같은 학교에서 근무한 인연이 있다. 세 분을 통해 비폭력대화와 회복적 서클을 접했고, 지금은 독서 서클과 연습 모임을 함께 하고 있다. 나는 이렇게 세 분 곁에 동료로 때로는 배우는 사람으로 몸과 마음을 적시는 행운을 얻었다. 학교에서 크고 작은 갈등과 폭력으로 인한 관계의 어그러짐이 비폭력대화와 서클로 어떻게 회복되어 가는지, 동료 교사들이 서클로 마주 앉아 쑥스러운 시간을 보내고 나서 어떻게 부드럽게 마음이 연결되는지를 경험하고 있다. 저자들이 자신들의 사례를 담아 진솔하게 써 내려간 책을 보면서 이러한 시도와 성공이 학교에서 어떤 전환점을 이루는지 그 중요성을 다시 한번 생각하게 한다.

월곡중학교 교장 현병순

학생생활부장을 맡으며 학생과 학부모들의 꼬여버린 갈등으로 힘겨워할 때 세 분의 도움으로 다시 일어설 용기를 얻었다. 학교폭력 사안이 발생하면 갈등 당사자들뿐만 아니라 학교 구성원 모두가 영향을 받게 되며, 다시 평화롭고 안전한 일상으로 회복되기를 바란다. 하지만 학교폭력처리 매뉴얼은 갈등을 전환하고 관계를 회복하는 방법을 친절하게 설명해주지 않는다.

이 책은 저자들이 회복적 서클을 비롯한 다양한 서클의 경험을 실천하기 위해 노력한 그간의 열정과 수고로움을 피워낸 꽃이며, 평화로운 학교를 꿈꾸는 모든 이가 함께 부를 노래이다. 곳곳에 이 노랫소리가 퍼져나가 우리 학생들이 안전한 공간에서 많이 웃고 행복하기를 진심으로 소망한다.

봉산초등학교 교사 노영화

서문

"자신의 경험에서 사랑에 대해 알게 된 한 가지가 있다면 무엇인가?"

어느 독서 서클에서 받은 질문이다. 그때 떠오른 것은 40여 년 전 초등학교 4학년 담임선생님의 모습이었다. 도서실도 없는 시골 학교에 학급문고를 만들어주기 위해 아이들과 함께 토끼와 닭을 키우고, 각자 매일 쌀을 한 줌씩 가져오게 해서 마침내 50권의 소년소녀 세계문학전집을 마련해주셨다. 그 50권의 책이 아이에게는 삶의 이정표가 되었고 자양분이 되었다.

그 질문을 받고 비로소 알았다. 사랑은 흐른다는 것을. 물처럼 바람처럼 멈추지 않고 영원히 사랑이 필요한 곳으로 흐른다는 것을. 부모로부터 받은 사랑이 자녀에게 이어지듯이 끊임없이 흐르는 생명력의 원천은 사랑이라는 것을.

왜 책을 집필했는가?

서클에서 수많은 질문을 만났다. '지금 몸과 마음의 상태는 어떤가? 진심으로 원하는 것이 무엇인가?'부터 시작해서 '그 경험으로부터 얻은 배움 한 가지가 있다면 무엇인가?' 등 대부분 자신을 살피게 하는 질문들이었다.

이런 질문을 통해 나에 대해 참 무관심하고 잘 모르고 있다는 것을 알게 되었다. 모른다는 것을 인정하고 나면 앎은 자연스럽게 찾아온다. 이 열린질문들은 갈등 상황이나 선택의 순간에 내면을 탐색하게 돕고, 갈등을 전환하여 위기의 순간들을 잘 살아낼 수 있게 한다.

비폭력대화를 시작으로 다양한 서클을 경험한 지 10년이 되었다. 처음에는 가정이나 학교에서 받는 여러 자극과 상처로부터 자신을 돌보고 회복하고 싶어 시작한 활동이었다. 서클의 경험이 쌓이면서 서클이 우리의 삶에 긍정적인 영향을 미쳤듯이 동료 교사들에게도 서클을 만나도록 안내하고 싶었다. 그 마음이 지금까지 서클을 계속하는 원동력이 되었다.

또한 여러 해 서클 활동을 하며 쌓은 경험들과 배움들을 동료들과 함께 기록하고 싶었다. 그것은 지난 10년을 함께 돌아보고 평가하는 과정이자 서로의 경험을 비춰보는 시간이 될 것이었다. 그리고 앞으로의 10년을 새롭게 꿈꾸고 준비하는 마음에서였다.

우리의 이러한 작업이 서클을 만나고 서클운동을 실천하고자 하는 동료들에게 한 발 더 내딛는 디딤돌이 되었으면 하는 바람이다. 그리고 더 나아가 이 책은 앞으로 서클운동을 함께 할 동료들에게 보내는 초대장이기도 하다.

책을 통해 소통하고 싶은 것이 무엇인가?

학교의 어려운 상황들을 전환하고, 안전하고 행복한 학교문화를 만들기 위해 교사들은 부단히 노력하고 있다. 그 수고로 학교와 사회는 서서히 성장하고 변화한다. 그중 우리가 실천해 온 서클운동을 공유하여 동료 교사들과 함께 즐겁고 평화로운 학교를 만들어가고 싶다.

우리는 다음과 같은 상황인식 아래 몇 가지 질문을 품었다. 이 질문에 답을 해 가는 과정에 우리가 실천했던 부분들을 소개하고, 책을 읽는 독자들과도 함께 고민해보고 싶다.

학교에서 학생들의 학교폭력, 교권 침해 사례, 학부모의 민원, 동료 교사와 관리자와의 갈등 등이 늘어나면서 학교 구성원들과의 관계에서 오는 여러 어려움으로 교사들의 고충 사례와 명예퇴직이 늘어나고 있다. 또한 빠르게 변하는 사회와 교육 이슈들로 교사들은 많은 역량과 기술들을 요구받는다. 특히 교직 전환기(신규교사, 자녀 양육기 교사, 휴직 후 복직 교사, 부장 교사, 관리자 등)에 놓일 때는 학교 구성원들과의 관계 문제에 어려움을 더욱 크게 겪으며 교사로서의 자신감과 정체성을 잃어가기 쉽다.

> 교사가 자신의 삶을 스스로 돌보고 내면의 힘을 기르는 데 필요한 것은 무엇인가?
> 교사로서의 자신감과 정체성을 어떻게 지키고 유지할 수 있는가?
> 학교에서 신뢰에 기반한 교사공동체를 형성할 수 있는가?

학교 내에는 여러 갈등과 문제를 해결하기 위해 학교생활교육위원회, 학교위기관리위원회, 교권보호위원회, 업무정상화협의회, 고충처리위원회, 학교자치회 등 각종 위원회가 있다. 위원회의 수는 늘어나는 데 도움을 요청하기가 쉽지 않고, 실상 직접적인 도움이 되지 않는 경우도 많다.

> 학교에서 발생하는 갈등을 민주적이고 평화롭게 해결할 수 있는가?
> 학교 구성원들이 안전한 관계를 유지하며 온전히 연결되기 위해서는 무엇이 필요한가?

교사의 질적 성장이 이루어질 때 수업의 질은 높아진다. 교사의 질적 성장은 학교 구성원과의 관계의 질이 영향을 미친다. 교사와 학생들과의 관계뿐만 아니라, 학부모, 동료 교사, 관리자와의 관계 면에서도 그렇다. 그런데 여전히 학교는 신뢰하지 못하는 관계에서 서로 불안하고 긴장되는 삶을 산다. 경쟁교육과 고착된 관료문화가 여전히 존재한다.

> 각자의 존재가 수용되고, 차이와 다양성을 존중하는 안전한 공동체를 이룰 수 있는가?
> 교사와 학생의 성장, 서로 배움을 통해 삶을 살리는 방법은 무엇인가?

이 책은 모두 6개의 장으로 이루어져 있다.

'서클대화'라는 용어는 원으로 둘러앉아 서클의 원리와 구성요소에 기반해 이루어지는 대화 진행의 전 과정을 의미한다. 본 책에서 소개하는 여러 서클에서 공통으로 추구하는 핵심 가치와 대화의 흐름을 통칭해 표현한 말이기도 하다.

1장은 서클의 의미와 구성요소, 진행 흐름을 소개한다. 서클은 단순히 둥그렇게 둘러 앉아 이야기하는 형태를 넘어 서클이 작동하는 원리를 기반으로 시작과 끝이 있는 완결된 구조임을 보여주고자 했다.

2장은 서클 관련 프로그램들에 대한 간단한 소개와 저자들이 서클을 언제, 어떻게 만났는지를 들려준다. 저자들 각자의 경험을 생생하게 남기고 싶어 질문과 대답 형식으로 엮게 되었다. 서클을 함께 경험하고 같은 가치를 추구하게 되니 차근차근 쌓아온 인연의 깊이로 점점 생각도 닮아감을 느꼈다.

3장은 교사들과 서클대화를 연습하고 실천한 사례를 담았다. 서클대화는 연습과 실천이 꾸준히 필요하다. 일상은 여러 관계와 자극 안에서 어느새 자신의 진심과 멀어져 습관화된 언어와 몸의 반응으로 돌아가 서로에게 상처 주는 방식으로 전개되기 쉽다. 서클의 가치와 원리가 일상에서 작동되기 위해서는 혼자의 힘으로는 어려운 만큼 동료들과 서클 방식을 연습하고, 서로의 마음을 회복할 수 있도록 돕는 지지서클이 필요하다. 이 장에서는 동료들과 서클대화를 연습할 수 있는 다양한 프로그램별 진행 방식과 흐름을 함께 제시했다.

4장은 학교에서 회복적 서클과 문제해결 학급서클 중심으로 갈등을 전환하고 해결한 사례를 다루었다. 학교 현장에서 학교 구성원들 간의 갈등이 발생했을 때 기존의 처벌위주의 응보적 방식이 아닌 관계와 피해회복에 중점을 둔 회복적 방식으로 대화한 실제 사례를 그 진행 방식과 함께 수록했다.

5장은 서클의 작동원리와 진행 방식을 수업에 적용하여 실천한 사례를 보여준다. 크게 교과수업과 자유학기제 주제선택수업으로 나누어 제시했다. 단순히 서클로 앉아 수업을 진행하는 방식을 넘어 경청과 다양성 수용, 존중과 모두 참여 등의 서클의 기본 요소가 수업의 주제와 맞물려 진행의 흐름에 잘 녹여나도록 배치하였다.

6장은 서클대화가 우리 사회와 교육 현장에 왜 필요한지를 강조한다. 서클대화가 갖는 유의미성이 학교에 어떠한 변화를 만들어낼 수 있을지를 정리하였다. 서클대화의 실천이 어려운 현실임에도 서클로 나아가기를 다시 한번 제안한다.

책의 주요 독자가 누구이길 바라는가, 어디에 활용되길 바라는가?

- 회복적 생활교육에 관심 있고, 실천하고자 하는 교사와 예비 교사
- 교사의 정체성을 찾고, 자기 내면을 건강하게 회복하고 싶은 교사
- 수업과 생활교육 안에서 학생들과 평화롭게 만나고 싶은 교사
- 수업 시간에 학생들의 적극적인 참여 수업을 이끌고 싶은 교사
- 민주적이고 평화로운 공동체 형성에 관심 있는 교사와 시민
- 민주적 리더십을 고민하고 방법을 찾고자 하는 관리자
- 학교와 교육을 새로운 눈으로 보고자 하는 학부모
- 자녀를 더 깊이 이해하고, 평화롭게 관계 맺고 싶은 부모
- 교사 역량 강화와 학생 생활교육 관련 교육청 업무 및 연수 담당자

기타 평화감수성훈련과 갈등전환 프로그램에 관심 있는 모든 분에게 이 책이 서클을 만나고 실천할 수 있는 용기를 내는 데 조금이나마 도움이 되길 바란다.

마지막으로 우리에게 다양한 서클을 열어주고 경험하게 해준 여러 단체와 진행자들에게 감사함을 전한다. 특히 바쁜 일정에도 추천의 글을 써주신 서클 동료들에게 감사드린다. 또한 다양한 서클을 실천하며 공동체를 함께 만들어가고 있는 비폭력평화교육센터 동료들에게 깊은 감사의 마음을 전한다. 주말마다 서클을 배우고 나누는 활동을 할 수 있게 지지해준 가족들에게도 미안함과 고마움을 전한다.

2021년 10월
손연일, 심선화, 장경아

차례

추천사　　　　　　　　　　　　　　　　　　　　　4
서문　　　　　　　　　　　　　　　　　　　　　　8

1장 서클 들여다보기

1. 서클의 의미　　　　　　　　　　　　　　　　18
2. 서클의 핵심가치 및 원리　　　　　　　　　　　20
3. 서클의 구성요소　　　　　　　　　　　　　　　21
4. 서클의 흐름　　　　　　　　　　　　　　　　　23

2장 서클 만나기

1. 비폭력대화　　　　　　　　　　　　　　　　　26
2. 회복적 서클　　　　　　　　　　　　　　　　　32
3. 청소년평화감수성훈련(HIPP)　　　　　　　　　36
4. 마음비추기 사계절 리트릿　　　　　　　　　　42
5. 교사신뢰서클　　　　　　　　　　　　　　　　46
6. 함께 이끌기 서클　　　　　　　　　　　　　　50

3장 교사와 서클 열기

1. 공감 연습서클　　54
- 공감서클 진행 1 (느낌, 욕구로 공감하기)　　57
- 공감서클 진행 2 (역할극으로 상대 공감하기)　　59
- 공감서클 진행 3 (공감 저널 쓰고 나누기)　　62

2. 갈등전환 연습서클　　67
- 갈등전환 연습서클 진행 1 (경청 훈련)　　70
- 갈등전환 연습서클 진행 2 (회복적 서클 - 사전서클)　　72
- 갈등전환 연습서클 진행 3 (회복적 서클 - 본서클)　　76
- 갈등전환 연습서클 진행 4 (회복적 서클 - 사후서클)　　80
- 회복적 서클 전 과정 진행 예시(가상 시나리오)　　84

3. 열린질문 연습서클　　94
- 열린질문 연습서클 진행　　97

4. 독서 서클　　99
- 독서 서클 진행　　101

5. 협의 서클　　104
- 협의 서클 진행　　106

4장 서클로 갈등 다루기

1. 회복적 서클 — 109
- 학교폭력 사안 회복적 서클 — 109
- 교사와 학생 간 회복적 서클 — 118
- 교사 간 회복적 서클 — 120

2. 문제해결 학급서클 — 122
- 따돌림 문제해결 학급서클 진행 — 126
- 수업 붕괴 문제해결 학급서클 진행 — 131
- 분실 사건 문제해결 학급서클 진행 — 135
- 성 관련 문제해결 학급서클 진행 — 138
- 교권 침해 문제해결 학급서클 진행 — 143

5장 서클로 수업하기

1. 교과 수업 — 146
- 학기 초 교과 수업 기대 나눔 서클 — 152
- 학기 초 과목(동아리) 선택 나눔 서클 — 153
- 나 바라보기 시 수업 서클 1 (야외수업) — 154
- 나 바라보기 시 수업 서클 2 (야외수업) — 157

- 성찰하는 글쓰기 수업 서클　　　　　　　　　　　　　　　160
- 삶의 나침반, 가치 나눔 서클　　　　　　　　　　　　　　163
- 독서 질문 나눔 서클　　　　　　　　　　　　　　　　　　165
- 사회 이슈 나눔 서클　　　　　　　　　　　　　　　　　　168
- 주제 나눔 서클 1 (인권)　　　　　　　　　　　　　　　　172
- 주제 나눔 서클 2 (통일)　　　　　　　　　　　　　　　　176

2. 자유학기제 주제선택수업 __ 청소년평화수업　　　　　　　180
- 마음 열기　　　　　　　　　　　　　　　　　　　　　　　182
- 자기 이해와 자아 존중　　　　　　　　　　　　　　　　　189
- 감정표현과 의사소통　　　　　　　　　　　　　　　　　　197
- 갈등 해결과 감사 표현　　　　　　　　　　　　　　　　　213
- 공동체로 나아가기　　　　　　　　　　　　　　　　　　　226

6장 서클로 나아가기

1. 서클대화의 실천 의미　　　　　　　　　　　　　　　　　237
2. 서클대화 실천의 어려움　　　　　　　　　　　　　　　　239
3. 서클대화가 학교 현장에 만들어내는 변화　　　　　　　　244

* 참고문헌과 자료　　　　　　　　　　　　　　　　　　　　247

1장

서클 들여다보기

1. 서클의 의미

흔히 '서클(circle)'은 '이해관계나 직업, 취미 따위를 같이 하는 사람들이나 단체'라는 뜻으로 요즘은 '동아리'나 '모임' 등의 말로 순화되어 쓰이고 있다. 이는 서클이 우리말이 아니기도 하지만, '불량서클, 폭력서클' 등 소위 '일진'이라는 단어와 맞물려 사용하면서 부정적인 의미를 갖게 되어 그렇다.

그런데 우리는 새로운 '서클(Circle)'을 만났다. 가정에서는 엄마와 아내로서, 학교에서는 교사로서 자신을 소진하며 갈피를 잡지 못하고 흔들릴 때 우리는 서클을 만났고 동료를 만났다.

서클은 교사인 우리에게 꺼려지거나 부정적인 말이 아니라 이제는 함께하고 사랑하며 추구하고 싶은 단어가 되었다. 서클을 만난 뒤 교사 개인의 삶과 가정이 달라졌고, 학생들과 학부모, 동료 교사들과의 만남의 질이 달라졌기 때문이다.

다시 말해 서클은 교사로서의 삶에 전환기를 맞게 했고, 학생들을 공감하고 그들을 돌볼 힘을 주었다. 더불어 자신도 돌보면서 동료 교사들과 교사로서의 정체성을 함께 세울 수 있는 용기를 주었다.

'서클(Circle)'은 말 그대로 동그랗게 둘러앉아 서로의 이야기를 나누는 대화의 장을 말한다. 원형이나 모임, 동아리라는 말로 표현하지 않고 영어표현 그대로 서클을 사용하는 것은 우리말이 다 담지 못하는 서클만의 고유성과 정체성을 드러내기 위함이다.

어린 시절 공기놀이, 수건돌리기를 하거나 모닥불 둘러앉아 이야기 나누던 그때를 생각하면 동그란 자리 배치가 익숙할 법도 한데 교사가 되어 만난 '서클(Circle)'은 생소하고 낯설게 다가왔다.

인생의 대부분을 네모난 학교와 한 줄 서기 세상에서 살아온 우리에게 '서클(Circle)'은 기존의 틀과 사고를 깨는 혁명이고 혁신이었다.

서클의 기원은 어쩌면 인류가 공동생활을 시작할 때부터겠지만, 우리가 만난 서클(Circle)은 북아메리카 토착 원주민들이 오랫동안 사용해온 의사소통의 방법 '토킹스틱

(Talking Stick)'의 규칙을 활용한 것이다. 동그랗게 앉아 한 사람이 토킹스틱을 들고 말을 하면 다른 사람들은 그 사람이 토킹스틱을 건네거나 내려놓을 때까지 경청하는 전통에서 비롯되었다.

이 전통에서 중요한 점은 서클 안에서는 모든 사람이 평등하며, 누구나 자신의 생각을 말할 수 있고, 타인들의 다양한 의견을 존중한다는 것이다. 말하는 사람은 마음에서 우러나온 정직한 말을 하고, 듣는 사람은 자신의 가정(假定)이나 신념을 잠시 내려놓고 비판이나 판단하려는 마음이 아닌 열린 마음으로 듣는다.

서클(Circle)은 동그랗게 앉아 서로의 이야기를 나누는 대화의 공간만을 의미하지 않는다. 서클은 자신의 내면에서 들려오는 소리를 듣기 위해 또는 서로의 돌봄과 회복을 위해 서클을 형성한다. 서클은 다양한 의견을 나누고, 갈등을 다루어 문제를 해결하거나 의사를 결정할 목적으로 만나기도 한다. 그래서 서클은 건강한 공동체를 세워나가는 데 도움이 된다.

물론 이 외에도 다양한 주제와 목적을 위해 서클이 형성된다. 서클은 형식에만 그치지 않고 몇 가지 핵심 가치와 원리에 기반하여 인간과 세상을 바라보는 철학적 가치와 삶의 지혜가 들어있다. 또한 서클 안에서 모두가 자신의 이야기를 솔직하게 표현하고, 그 표현들이 방해나 비난 없이 서로에게 잘 들려지도록 여러 가지 구성요소와 일정한 흐름으로 진행된다.

2. 서클의 핵심가치 및 원리

인간의 본성은 선하다.

우리에게는 나와 타인을 모두 이롭게 하고자 하는 선한 마음이 있다. 우리는 자신의 선의를 믿듯이 타인의 선의도 믿는다. 우리는 존재와 행위를 구별한다. 행위 뒤에 가려진 선한 본성을 본다. 잘못된 행위는 대부분 잘못된 대우에서 온다고 믿는다. 나의 기준으로 판단하기 전에 상대의 선한 의도에 다가가기 위해 노력한다.

우리는 상호 연결되어 존재한다.

모든 존재는 서로 연결되어 있고, 우리는 관계 안에서 의미를 찾아가는 존재이다. 관계에서 오는 상처는 우리를 고립시키며 무력하게 한다. 그러나 우리에게는 관계 안에서 진정한 사랑을 주고받기를 원하는 깊은 욕구가 있다. 서클 안에서 자신을 솔직하게 드러내고, 온전히 수용되는 경험은 상처를 회복하고 다시 나아갈 힘을 준다.

우리에게는 내면의 교사가 있다.

우리에게는 자아를 이끌어가는 '내면의 교사'가 있다. 내면의 교사는 인생의 나침반 역할을 한다. 내면의 교사는 누구나 지니고 있는 가장 믿을 만한 길잡이의 원천이다.[1] 외적 강요는 진정한 변화를 이끌어낼 수 없다. 외부의 압력과 요구, 반응적 습관을 서클 밖에 내려놓고, 자신의 진실에 기초하여 내면의 교사 목소리에 귀 기울일 때 진정한 변화는 이루어진다.

---

1) 파커 J. 파머, 모든 것의 가장자리에서, 김찬호, 정하림 옮김, 글항아리, 2018, p125.

인간 행위의 원천은 자발성이다.

서클에서의 모든 참여는 항상 초대이고, 기회는 공평하게 제공된다. 서클은 늘 참여자의 선택을 지지한다. 본인에게 필요한 것은 자신이 가장 잘 안다는 것을 믿으며 존중한다. 타인의 지시나 영향에 의하지 않고, 자신의 의지에 따라 선택하고 행동할 때 자신의 영혼과 깊이 만나게 된다.

3. 서클의 구성요소

진행자

서클을 여는 목적에 따라 시간과 장소를 마련하고 참여자를 초대한다. 서클 진행에 필요한 질문과 물품을 준비한다. 혼자보다는 팀을 이루어 진행하는 것을 권한다.

참여자

서클이 열리는 목적을 정확히 알고 자신이 참가하고자 하는 의도를 분명히 하여 자발적 선택으로 참여한다. 서클의 시작과 끝을 함께 한다.

센터피스

서클에서는 누군가를 향하여 말하기보다 자신의 내면의 진실을 서클의 중심을 향해 말한다. 서클의 중심에 주로 둥근 천을 놓고 그 위에 참가자들이 서로의 진심을 듣는 데 도움이 되는 사물들을 놓는다. 대체로 꽃이나 초가 놓인다.

토킹스틱

서클 안에서 온전한 말하기와 경청을 위한 도구로 사용한다. 토킹스틱을 든 사람이 말하고 나머지 사람은 깊이 듣는다는 규칙이 있다. 말하는 사람에게는 방해받지 않고 자신을 표현할 수 있게 해주며, 듣는 사람에게는 끝까지 집중해서 들을 수 있게 한다. 토킹스틱을 통해 모든 참여자는 말할 수 있는 동등한 기회를 얻는다.

열린질문

일상에서 우리는 늘 질문하고 답한다. 그 질문은 대체로 답이 정해져 있는 닫힌질문이거나 호기심을 채우기 위한 질문들이다. 그런 질문을 받은 사람은 행위를 요구받고 거기에 반응할 뿐이다. 서클 안에서는 정직하고 열린질문으로 자신의 내적 진실에 다가가도록 돕는다.

침묵

말은 침묵이 배경이 될 때 또렷하게 의미를 드러낸다. 판단이나 선입견 없이 각자의 이야기를 듣고자 노력하는 것은 서클 참여자의 공통 약속이다. 깊이 듣기 위해서는 외부의 말들로 요동치는 생각의 멈춤이 필요하다. 그래서 침묵을 서클의 제3의 멤버라고 부르기도 한다. 서클 열기를 침묵하기로 시작하기도 하고, 서클 안에 대화의 흐름이 거칠어질 때 침묵을 초대하기도 한다.

서클 약속

일상의 습관과 대화 패턴에서 벗어나 서클이 안전한 공간이 되기 위해서는 참가자들 사이에 동의된 약속이 필요하다. 자신의 진심을 말하고 상대의 말을 경청하기, 서클 안에서 나눈 사적 이야기를 비밀로 지켜주기, 시작과 끝을 함께하기, 자신이 필요한 것은 스스로 돌보기, 대화의 흐름이 거칠어질 때 침묵을 초대하기 등이 제안된다. 약속은 누구나 제안할 수 있고 모두의 동의 과정을 거친다.

장소

둥글게 둘러앉아 대화에 집중할 수 있는 조용한 공간이 필요하다. 참가자의 숫자를 고려하여 적당한 크기의 공간을 마련해 따뜻하고 편안한 분위기를 조성한다.

함께하는 시간

서클은 참가자들이 함께하면서 경험되는 과정이다. 온전한 서클 경험을 위해 함께 시작하고 함께 끝내는 것을 원칙으로 한다.

4. 서클의 흐름

서클의 일반적인 흐름은 여는 의식과 체크인, 약속 확인하기, 주제 활동, 체크아웃, 닫는 의식 등으로 진행된다.

여는 의식

일상 공간과 서클의 공간을 분리하여 우리의 의식을 서클 안으로 초대하고 모으기 위한 시작이다. 종소리를 들으며 침묵으로 머무는 시간을 잠시 갖는다. 자신의 호흡을 알아차리거나 자신을 들여다보는 데 영감을 주는 문구나 시를 나누기도 한다.

체크인

체크인은 서클 참여자들의 몸과 마음의 상태를 표현하고 나누면서 서클 구성원으로서 일상을 공유하며 연결감을 느끼게 한다. 또한 주제 활동과 관련된 여는 질문을 제시하여 자연스럽게 서클 주제 활동으로 이어가게 한다. 만약 주제 활동이 존중의 학급문화 만들기라면 "학급에서 존중을 경험한 적이 있나요?" 또는 "존중하면 떠오르는 이미지가 있나요?'와 같은 질문을 한다.

약속 확인하기

서클의 안전함과 자발성을 위해 필요한 것들을 확인하는 시간이다. 서클 안에서 자신을 표현하고 상대를 받아들이는 데 지켜져야 할 약속을 확인한다. 동일한 구성원이 지속하여 참여하는 서클에서도 열릴 때마다 약속 확인이 필요하다.

주제 활동

서클의 성격이나 주제에 따라 다양하게 펼쳐진다. 서클의 종류에 따라 탐색 질문과 구체적인 활동도 달라진다. 그러나 서클의 기본 철학과 가치를 구현하는 데 도움이 되는 주제와 활동들로 이루어진다.

체크아웃

주제 활동에서 일어난 성찰과 배움을 수확하고 서로에게 감사함을 표현한다. 체크아웃은 주제 활동의 의미를 다시 한번 새기는 시간이기도 하고, 서클 참여 자체에 대한 의미와 다음 서클에도 참여하고자 하는 의지를 북돋는 역할을 한다.

닫는 의식

종을 치며 잠시 침묵하거나 모두가 연결되어 있음을 확인하는 짧은 문구 등을 나누며 마친다. 여는 의식이 일상에서 서클로의 초대라면 닫는 의식은 다시 일상으로 돌아갈 준비를 하는 것이다.

2장

서클 만나기

1. 비폭력대화

비폭력대화는 미국의 임상심리학자 마셜 M. 로젠버그가 고안해낸 대화 방법이다. 유대인이었던 그는 미국 디트로이트에서 인종 갈등으로 번진 폭동을 경험하며 자랐고, 학교에서 '카이크'라는 유대인 비하 발언을 들으며 괴롭힘을 당했다. 그 후 그는 무엇 때문에 사람들이 인간의 원래 본성인 연민으로부터 멀어져 폭력적이고 공격적으로 행동하게 되는지, 그에 반해 어떤 사람들은 극도로 어려운 환경에서도 연민을 유지하는지 깊은 의문을 품는다.

그 후 연민이 우러나는 관계를 맺는데 언어가 큰 도움이 된다는 것을 알고 비폭력대화법을 고안한다. 비폭력대화는 자극이 되는 외부상황에 대해 왜곡하며 비난하거나 평가하지 않는다. 자신이 처한 상황을 객관적으로 관찰하고, 자신의 느낌과 욕구를 찾아 삶을 풍요롭게 하는 부탁을 하며 자신의 진심을 표현한다.

그리고 상대의 말과 행동 뒤에 있는 진심을 듣기 위해 상대의 내면에서 일어나고 있는 느낌과 욕구를 추측하며 깊은 유대를 나누는 것을 목적으로 한다.

비폭력대화는 아래의 네 가지 요소로 이루어져 있으며, 각각이 갖는 의미를 의식하면서 자신의 진심을 솔직하게 말하고 상대의 말을 공감으로 듣는다.

> 1. '관찰'은 평가를 섞지 않고 보거나 들은 바를 있는 그대로 표현하는 것이다. 평가와 분리된 관찰을 구체적으로 표현함으로써 비판하거나 비난할 의사가 없음을 보여주며 상대를 대화로 초대한다.
> 2. '느낌'은 생각과 감정을 구별하여 표현함으로써 자신의 솔직한 내면을 인정하고 받아들이며 상대와 연결한다.
> 3. '욕구'는 무엇을 이루기 위한 수단이나 방법이 아니라, 자신의 느낌의 근원을 말한다. 우리 내면 깊숙한 곳에서 생동감을 일으키며 자신이 진심으로 원하고 필요로 하는 것을 의미한다.

4. '부탁'은 우리의 욕구를 의식하면서 상대가 연민으로 기꺼이 반응할 수 있도록 강요의 방식이 아니라 원하는 것을 구체적이고 긍정적인 행동 언어로 표현한다.

다음은 비폭력대화법을 간단하게 보여주는 예시이다.

교사: (솔직하게 표현하기) 교실에서 혼자 울고 있는 걸 보니 (관찰) 걱정되고 궁금하구나. (느낌) 선생님이 돕고 싶은데 (욕구) 무슨 일로 그러는지 말해 줄 수 있겠니? (부탁)
학생: 영어시험을 망쳤어요. 시간이 부족해서 서술형 답안을 하나도 못 썼어요.
교사: (공감으로 듣기) 시간이 부족해서 답안을 못 쓴 게 속상하고 아쉽구나. (느낌)
학생: 네. 영어 공부를 많이 했는데 헷갈리는 문제를 붙잡고 있다가 시간이 부족했어요.
교사: (공감으로 듣기) 시간 내에 공부한 만큼 실력이 발휘되지 못해서 슬픈 거야? (욕구와 느낌)
학생: 네. 공부한 만큼 풀지 못했어요. 시간을 잘 확인하지 못한 제 실수죠.
교사: (공감으로 듣기) 공부한 만큼 실력도 인정받고 노력의 결과도 확인하고 싶었을 텐데. 시간 배분을 못 한 것이 아쉽니? (욕구, 느낌)
학생: 네. 많이 아쉬워요.
교사: (공감으로 듣기) 그럼 다음부터는 시간 배분을 고려하면서 시험문제를 풀면 어때? (부탁)
학생: 네. 그래야겠어요.

Q. 비폭력대화를 어떤 계기로 시작하게 되었나요?

손교사: 2010년 겨울이었다. 전교생이 1,200여 명이나 되는 중학교 학생부장을 하면서 일주일이 멀다고 발생하는 학교폭력 사안을 다루며 너무 지쳐갔다. 아이들과 상담을 잘하기 위해 전문상담교사 자격도 취득했지만 큰 도움이 되지 않았다. 도움이 된다면 지푸라기라도 잡고 싶은 심정이었는데 우연히 비폭력대화 소개강좌를 듣게 되었다.

우리가 무심결에 사용하는 언어 특히 판단, 평가, 비교하는 말 등은 의도와는 다르게 갈등을 불러일으킨다는 말을 들었다. 며칠 전 학교폭력 사안을 조사하는 과정에 생긴 일이 떠오르면서 '아하!'하는 자각이 왔다.

피해 학생은 수년 동안 수백 대를 맞았다고 하는데 가해 학생은 지난주 화장실에서 때린 세 대가 전부라고 했다. 가해 학생에게 '거짓말하지 말고 똑바로 말해!'라고 했더니 입을 다물고 대답하지 않았다. 왜 대답하지 않느냐고 물으니 '거짓말은 들어서 뭐 하시게요.'라고 하며 진술을 거부해 조사를 마무리하지 못한 일이 있었다.

'아, 거짓말이라는 판단의 말에 학생이 반감을 느끼고 진술을 거부한 거로구나.' 누군가와 대화가 단절되었던 순간을 돌아보았다. 상대의 언어에 숨겨진 가시와 칼이 가슴에 박혀 마음의 문을 서로 닫게 했음을 깨달았다.

심교사: 2010년, 당시 학교는 '교실붕괴'로 몸살을 앓고 있었다. 매일 수업 시간에 울고 나오는 선생님들이 있었고, 나 역시도 언제 그만둘까 하는 생각을 매일 하고 있었다. 학생들이 너무 무례하고 대화하기 힘든 괴물처럼 보였던 시기였다.

그러던 중 비폭력대화 소개강좌를 들었다. 머리를 뭔가로 세게 맞은 듯한 충격이 왔다. 강사는 나에게 폭력적인 교사라는 말을 한마디도 하지 않았지만, 강의 내내 내가 이제껏 해온 모든 말과 행동은 폭력이라고 비판하는 것 같았다.

교실의 현실은 날마다 학생들의 폭력적인 말과 행동으로 교사들이 고통받고 있는데 어떻게 비폭력적인 대화를 주고받을 수 있냐고 강사에게 물었다. 대답은 "그래서 더 비폭력적인 대화가 필요하지 않을까요?"였다. 비폭력대화가 학교 교육의 새로운 방향이며 탈출구가 되리라는 기대가 생겼다.

장교사: 마셜 로젠버그의 비폭력대화를 만난 건 내 인생의 큰 전환점이자 지금까지 엄마로서 그리고 교사로서의 삶을 계속할 수 있게 해준 밑거름이다. 6살 아들과 4살 딸을 키우고 있던 2009년 여름, 교사 직무연수로 15시간 입문 교육을 받았다. 결혼하고 바로

시작된 임신과 출산, 친정집과 어린이집을 오가며 육아와 직장생활에 지쳐있을 때였다.

그 교육에서 뼈저리게 알아차린 건 '나의 폭력성'이었다. 그 당시 남편의 귀가 시간이 늦어지거나 학교 일로 스트레스를 받고 퇴근할 때는 나의 화와 짜증은 고스란히 어린 두 자녀에게 돌아갔다. 평소보다 과하게 혼을 내거나 소리를 지르곤 했다. 가장 약하고 힘없는 어린 존재에게 결혼생활과 직장생활의 힘듦을 풀고 있었다는 사실을 알게 되었고, 그 비겁함에 교사로서 그리고 엄마로서 자괴감이 들었다. 교육을 받는 내내 무거운 마음으로 반성의 시간을 보냈다. 이것이 비폭력대화와의 첫 만남이었다.

Q. 이후 비폭력대화 훈련은 어떻게 이어갔나요?

동료들과 함께 2012년 비폭력대화 2과정, 2013년 비폭력대화 3과정, 2014년에는 1년 동안 매달 1박 2일이나 2박 3일의 교육을 받는 비폭력대화 지도자 준비 과정에 참여했다. 일상에서도 매주 비폭력대화 연습모임을 통해 훈련을 계속하였다.

이런 심화 교육과 연습모임을 통해 성장 과정에서 받은 많은 상처를 치유하고, 문화적, 사회적, 지역적 특성으로 인해 생겨난 강한 신념들도 알게 되었다. 후회되는 말과 행동으로 자책하고 죄책감에 시달렸던 것들에서 자신을 수용하고 연민으로 바라보게 되었다. 원망과 비난의 대상도 이해와 공감으로 바라보는 힘을 키우게 되었다.

또한 개인의 폭력과 잠재된 폭력성은 가정폭력, 학교폭력, 각종 사회에서 일어나는 흉악범죄들을 낳고 그로 인해 또 폭력이 대물림된다는 것도 알았다. 개인의 내적 치유와 성장이 관계의 안전과 평화를 낳고 가정과 공동체, 나아가 사회의 평화를 가져온다는 것을 깨닫게 되었다.

Q. 비폭력대화 실천 사례를 소개해주세요.

손교사: 중학교 1학년 담임을 할 때의 일이다. 한 학생이 20분 늦게 등교하면서 "쾅" 소리를 내며 교실 뒷문을 열고 들어왔다. "맨날 지각 하면서 조용히 들어오지, 왜 그렇게 예의가 없냐?"라고 했다. 그러자 그 아이는 가방을 책상에 던지듯 내려놓으며 퉁명스럽

게 "어제는 지각 안 했는데요."라고 말하는 것이다. "오늘 하루 가지고 하는 말이 아니지 않느냐?" 하니 "맨날 지각이라고 하니까 하는 말이잖아요."라고 또 받아치는 것이었다. 지켜보는 아이들도 있어서 방과 후 따로 이야기하기로 하고 그 자리를 부랴부랴 마무리 지었다.

비폭력대화로 나를 공감해 보았다. 그랬더니 문소리가 크게 난 것에 일단 놀랐고, 아이가 늦었으니 미안한 마음으로 조심조심 들어오기를 바랐다는 것을 알았다. 그리고 나의 '예의 없다'라는 비난과 '맨날'이라는 판단의 말이 아이의 반발심을 불러일으켰다는 것도 알아차렸다.

방과 후 아이를 만났다. "아침에 네가 큰 소리로 문을 열고 들어와 선생님이 깜짝 놀랐다."라는 말로 대화를 시작했다. 아이는 "선생님! 제가 더 놀랐어요. 그렇지 않아도 교실이 너무 조용해 쪽팔려 어떻게 들어가나 했는데, 문을 세게 열지도 않았는데 드르륵 꽝 소리가 나잖아요. 애들은 다 쳐다보고.", "아! 선생님은 네가 일부러 문을 세게 연 걸로 생각했는데 그게 아니었구나. 오해해서 미안해." 이런저런 이야기를 하며 서로를 이해하게 되었다.

대화 이후 그 아이와 더 편안한 관계가 되었고, 아이도 지각하지 않겠다는 자신이 한 약속을 지킴으로써 스스로 책임지는 모습을 보여주었다.

심교사: 한 중학교 남학생이 교무실로 찾아와 칼을 빌려달라고 했다. 분노에 가득 찬 눈빛이었다. 얼른 칼을 싱크대 뒤로 숨겼다. 씩씩거리는 학생을 들어오게 한 후 "왜 이렇게 화가 났어?" 하고 말했다. 학생은 다리에 힘이 풀린 듯 바닥에 주저앉았고, 어떤 선생님을 죽여버리겠다고 했다. 이유는 담배를 빼앗겼다는 것이다.

매우 위험한 상황이라고 판단하여 어떤 충고도 비판도 하지 않고 공감으로 들어주기로 했다. 두 시간 동안 학생의 말을 들었다. 학생의 입에서 나온 언어들은 놀라운 말들로 가득했다.

"선생님, 나는 언젠가 사람을 죽여볼 거예요. 제일 먼저 우리 아빠를 죽일 거예요. 여

태 할머니한테 나를 버려두었으면서 갑자기 같이 살자고 하면 내가 어떻게 자기한테 맞춰요. 맨날 쓸모없는 놈이라고 허리띠로 때리고 내 말은 들어보지도 않으면서." 듣는 내내 충격을 받았지만 끝까지 말을 듣고 아이를 공감했다. "죽인다는 표현을 할 정도로 아버지가 밉고 원망스럽지만, 한편으로는 아버지에게 사랑받고 싶은 너의 마음이 느껴져"라고 말했다. 그 말을 들은 아이는 한참을 흐느껴 울었.

아이는 "선생님, 우리 아빠 같은 사람하고는 어떻게 대화할 수 있어요? 대화하자고 해놓고 맨날 자기 말만 하는데 그게 무슨 대화예요. 저는 정말 아빠랑 대화하고 싶어요. 선생님이 좀 도와주실 수 있어요?"하고 도움을 요청했다.

그날 바로 학생의 부모님과 연락해서 다음 날 대화 자리를 만들었다. 부모와 아이는 처음으로 서로의 깊은 마음을 안전하게 충분히 나누었다. 그리고 아이는 무탈하게 부모의 관심과 사랑 속에 학교를 졸업했다.

장교사: 중학교 담임교사를 맡을 때의 일이다. 반 여학생이 자신의 생일에 후배에게 선물과 먹을 것을 요구해 학생부에 신고가 되었다. 학부모에게 연락하니 학생 아버지가 전화를 받으며 다짜고짜,

"우리 OO이가 뭘 잘못했다고요? 내가 그년을 죽여 불든가 해야지, 하라는 공부는 안 하고. 그러는 학교는 뭘 했소? 이놈의 학교 당장 쫓아가서 엎어버리든가."

목소리는 점점 격해지고 높아갔다. 상대가 거친 표현을 쏟아내니 어이가 없고 더는 듣기가 힘들었다. '지금 OO이가 잘못해서 전화를 드린 건데 이러시면 안 되죠.'라는 말이 턱밑까지 올라온 순간 '딸이 잘못했는데도 왜 이렇게 언성을 높이며 학교 탓을 하는 걸까?' 하는 생각이 문득 들어 상대의 마음을 헤아려봤다.

"OO이 아버님, 지금 OO이가 많이 걱정되어서 그러시는 거죠."라고 말했다.

"아! 그렇죠, 선생님!" 학생의 아버지는 한숨을 크게 쉬더니,

"우리 OO이가 어떤 딸인지 아십니까? 어릴 때 심장 수술을 두 번이나 하고 애지중지 키워놨더니 왜 이렇게 속을 썩이는지" 방금까지 화를 내며 아이와 학교 욕을 하던 분위

기는 사라지고 어린 시절 아이 병치레 이야기를 하며 푸념을 한다. 말미에는 언성을 높여 죄송하다는 사과의 말을 하며 통화를 마쳤다.

딸에 대해 걱정하는 마음을 추측해서 읽어준 것이 대화의 흐름에 전환을 가져왔다. 상대가 무엇이 중요해서 그렇게 화가 나고 남을 비난하고 있는지 모른 상태로 대화가 거칠어질 때 느낌과 욕구를 짐작해서 읽어주는 것만으로도 그 상대가 마음을 살필 수 있는 틈을 만든다는 것을 알게 되었다.

2. 회복적 서클

회복적 서클(Restorative Circles)은 도미니크 바터(Dominic Barter)가 1990년대 말 브라질 빈민가에 거주하면서 거기에서 발생하는 갈등과 폭력 사안을 현지 주민들과 대화로 함께 다루면서 시작되었다. 이 서클 모델은 갈등 당사자들이 함께 모여 갈등을 직면하고, 상호이해와 자기책임, 자발적 이행을 약속하는 대화 과정이다.

회복적 서클은 회복적 정의에 기반하여 갈등 상황에서 발생하는 손상과 피해를 당사들이 진정으로 책임을 지고 해결하여 관계를 회복하게 한다. 공동체 내에서 자체적으로 돌봄이 가능하게 하는 공동체 자기돌봄 프로세스이다.

회복적 서클에는 당사자 간의 대화 흐름을 돕기 위해 진행자가 있다. 진행은 약간의 훈련을 받으면 누구나 할 수 있다. 진행자는 갈등 당사자들 사이에서 중립을 유지하는 것이 중요하고, 모든 사람이 안전하게 느낄 수 있는 환경을 조성하는 역할을 한다.

회복적 서클은 다음과 같이 사전-본-사후서클의 과정으로 이루어져 있다.

<회복적 서클 과정 안내>[2]

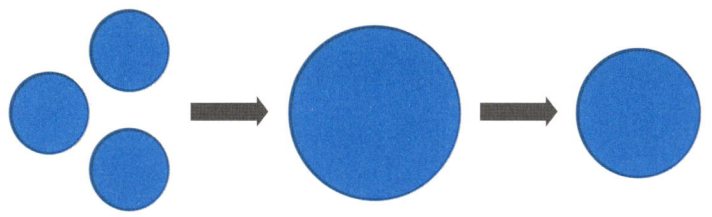

사전서클	본서클	사후서클
갈등을 상징하는 행동(말) 확인	상호 이해	참가자 만족도 조사
갈등의 의미 이해하기	자기 책임	축하하기/제안하기
참여 의사를 확인하기	동의행동 계획 세우기	동의한 행동계획 바꾸기

　사전서클은 진행자가 갈등 당사자를 따로따로 만나 그들에게 일어난 일과 갈등의 의미를 확인하고 대화로 갈등을 다룰 의사가 있는지 묻는다. 갈등 당사자들이 대화 모임에 동의하면 본서클이 이루어진다. 본서클은 대화의 규칙과 흐름대로 일어난 일에 대해 상호이해, 자기 책임, 이행 동의 과정을 거친다. 사후서클은 본서클에서 합의된 약속의 실천 여부를 파악하고 축하와 추가 제안 사항을 확인하며 서클을 마무리한다.

Q. 회복적 서클을 어떤 계기로 만났나요?

　학교 안에는 크고 작은 갈등들이 자주 발생한다. 학생들 사이의 갈등뿐 아니라 학생과 교사, 학부모와 교사, 교사와 교사 간의 갈등도 빈번히 발생한다. 학교에서 발생하는 많은 갈등을 해결하고 책임져야 하는 교사는 그 역할이 무겁다. 해결이 잘 안 되면 '그것도 하나 제대로 못 하느냐고' 추궁당하며 무능력하다고 평가되기 때문이다.

　그러나 교사들도 갈등을 제대로 직면하거나 다뤄본 경험이 없다. 갈등을 평화롭게 해결하기 위해 훈련을 받은 적도 없다. 개인적인 갈등도 회피하거나 공격하는 방식으로 표출하여 갈등을 증폭시키는 일이 많은데 학교에서 발생하는 많은 갈등을 다루는 것은 너

---

2) 비폭력평화물결, 회복적 서클 입문 과정 워크숍 자료집. 비폭력평화물결, 2011.

무나 어렵고 조심스럽다.

학생들이 갈등을 가지고 찾아오면 탐정, 재판관, 조정자 노릇을 하지만 근본적인 갈등 해결에는 큰 도움이 되지 않아 한계를 느낀다. 서로 사과하고 사이좋게 지내라고 하면 교사 앞이라 '네'라고 말하지만, 갈등이 되풀이되는 것을 보기 때문이다.

2012년 회복적 서클을 만났다. 지역에서 회복적 서클 진행자 훈련과정을 처음 소개하는 자리에 비폭력대화를 배우고 연습하며 평화공동체를 함께 꿈꾸던 동료들과 3일간의 18시간 입문 교육을 받고, 이후 심화 교육도 함께 했다.

Q. 회복적 서클 교육에서 의미 있게 다가온 것은 무엇인가요?

갈등은 인간들이 모여있는 곳이면 언제 어디서나 발생한다. 그것도 예측하지 못한 곳에서 느닷없이 발생하고 작은 불씨로 보였다가 어느새 대형화재로 번져가는 사례들이 종종 있다. 그래서 갈등은 되도록 만들지 않고 피하는 것이 최선이라고 여겨왔다.

그런데 회복적 서클은 갈등을 어떻게 바라보고 다룰 것인지에 대한 관점의 변화를 가져오게 한 패러다임의 전환이었다. '갈등은 해결이 아니라 전환이 필요하다.', '갈등은 직면할 용기가 중요하다.', '갈등 당사자들에게 갈등을 다룰 힘이 있다는 것을 신뢰한다.' 등 갈등에 대해 새로운 시각을 열어주었다.

가장 매력적으로 다가온 것은 전문기술이 아니라 적정기술(쉽게 배우고 사용할 수 있는)이라는 점이다. 회복적 서클 진행 방법을 3일간 교육받으면 교사 중심의 문제해결이 아닌 당사자들 간의 대화로 갈등을 전환하도록 도울 수 있다.

3명의 공동진행자가 보여준 모습도 인상적이었다. 한 명이 진행하는 카리스마 넘치는 강의를 들을 때면 감동도 있지만 '그 사람은 워낙 탁월한 사람이야.'라고 거리두기를 하며 연수를 받은 것에만 그쳐 버리는 경우가 많다.

하지만 공동 진행 모습을 보면서 함께 한다면 실수해도 서로 도와주고 힘들 때 기대면서 배운 것을 실천해 볼 수 있겠다는 의지가 더 생겼다. 약간의 실수가 있더라도 솔직하게 있는 그대로를 드러내고 동료 진행자의 도움을 기꺼이 받아들이는 모습에서 협업이 무엇인지 공동의 리더십이 무엇인지 어렴풋이 느낄 수 있었다.

회복적 서클 교육에서는 교사 자신의 실제 갈등 사례를 다루어 자신과 상대를 이해하는 경험을 한다. 교사가 학생이 되어 학생의 언어로 역할극을 할 때 그 학생에게 비추어진 교사는 어떠했을지 보게 되고 학생의 마음도 알게 되는 것이다.

이러한 교육에서의 경험들은 학교에서 갈등이 발생했을 때 회복적 서클 방식으로 갈등을 풀고 싶다는 마음을 내게 했다.

Q. 회복적 서클 첫 진행사례는 무엇인가요?

손교사: 학년 부장으로 있을 때 옆 반의 남학생과 여학생 간에 갈등이 일어났다. 서로 상대가 자신을 비하하고 조롱하며 간섭한다는 것이었다. 담임교사가 훈계하고 사이좋게 지내라고 화해를 시켜도 하루를 넘기지 못하고 갈등은 반복되었다.

급기야 여학생이 학교에 가지 않겠다고 했고 학부모는 학교가 적절하게 대처해 주지 않는다고 항의를 한 상태였다. 옆 반 담임교사에게 회복적 서클이 무엇인지 설명하고 아이들의 갈등을 서클 방식으로 다뤄보자고 제안했다. 학생들을 만나 회복적 서클을 진행했다. 대화를 통해 서로 싫어하는 행동이 무엇인지 구체적으로 드러났고, 평화롭게 지내기 위한 약속도 정할 수 있었다. 결과는 만족스러웠다.

심교사: 점심시간에 두 남학생이 복도에서 서로 욕하며 주먹을 휘두르는 상황이 발생했다. A가 복도에서 공놀이를 했는데 지나가던 B의 여자친구가 공에 맞은 것이었다. 두 남학생과 회복적 서클을 진행했다. 서로의 말을 듣고 반영하는 아주 간단한 방식이었으나 그 과정에서 상대의 마음을 이해했고 결국 화해했다. 그 후 둘은 다시 다투지 않았다.

장교사: 축제업무담당자로 있을 때였다. 학생회장이 축제 공연사회자는 학생회 홍보부장이 하기로 했는데 A 교사가 임의로 사회자를 선발한다고 항의했다. A 교사도 사회자 응모가 진행되고 있는데 무슨 소리냐며 언성을 높였다. A 교사는 축제업무와는 상관

이 없었으나 나를 도와 공연 부분을 맡아 준 동료 교사였다.

서툴지만 회복적 서클을 진행했다. 축제가 학생회와 충분히 공유되지 못하고 진행되고 있는 점에 나를 포함해서 서로 아쉬움을 전하고 필요한 제안들이 오갔다. 공연사회자는 학생회를 조직할 때부터 홍보부장이 맡기로 해서 남자 사회자는 홍보부장이 하고, 여자 사회자는 진행되고 있는 응모를 통해 뽑기로 했다.

팽팽하던 격한 감정의 선이 누그러지고 갈등이 전환되는 순간은 각자가 자신이 처한 어려움과 나약함을 드러내는 순간이었다. 그리고 그것이 상대에게 온전히 들려지던 때였다. 작은 성공사례를 시작으로 회복적 서클의 진행 방식과 가치를 더욱 신뢰하게 되었다.

3. 청소년평화감수성훈련 (HIPP)[3]

'청소년평화지킴이(HIPP; Help Increase Peace Program)'는 갈등해결과 사회변화에 대한 비폭력적 접근 방법을 가르치는 AFSC(미국종교친우봉사회)의 청소년 대상 평화훈련프로그램이다. 1990년 뉴욕의 학교에서 시작하여 미국 여러 주와 세계 여러 나라에 소개된 모델이다.

활동 주제는 크게 '긍정과 자존감, 협력과 그룹 의사결정, 의사소통과 갈등 해결, 변혁시키는 힘' 네 가지로 구성된다.

프로그램은 참가자들을 폭력의 각본에 노출시켜 자신이 어떤 선택을 하는지 알아차리게 한다. 또한 놀이와 성찰을 통해 갈등을 직접적이고도 건설적으로 다룰 수 있게 한다. 갈등은 승패나 패패가 아닌 모두의 욕구를 충족시키는 승승의 해결로 풀 수 있다는 것을 배운다.

프로그램에 포함된 신나고 역동적인 놀이는 개인 성찰 나누기와 더불어 청소년들이

---

[3] 비폭력평화물결, HIPP 진행자과정 워크숍 자료집, 비폭력평화물결, 2015

협력을 배울 수 있는 안전한 공간을 마련한다. 그룹으로 의사결정을 내려야 하는 활동에서 자연스럽게 협력을 배우고, 그 과정에서 남을 소외시키지 않고 갈등 해결을 하는 의사소통 기술도 익히게 된다.

또한 공동체를 구축하는 데 있어 청소년들은 서로 간에 대한 명백한 차이를 알고, 사회적 성(gender), 고정관념, 외국인 그리고 사회적 계급들에 대한 이슈들을 탐구한다. 여기서 참여자들은 상대방과 다른 의견에 대해 어떻게 소통할 수 있을지, 다양한 의견들이 존재하는 영역에서 어떻게 갈등을 해결할 수 있을지 선택의 중요성과 그 결과들을 알아차리게 된다.

마지막으로 사회를 변혁하는 힘과 지혜를 모아 그것을 실천하고 실현할 수 있는 방법을 찾는 활동으로 이루어져 있다.

한국에서는 HIPP 진행자 그룹으로 구성된 'HIPP진행자모임'을 통해 훈련 방법이 이어져 오고 있다.

Q. 청소년평화감수성훈련(HIPP)을 만난 계기는 무엇인가요?

2013년, 40대 나이의 무게를 느끼며 특히 학교에서 부장 교사로서의 역할을 하게 되면서 선배 교사로서 새로운 자리매김이 필요함을 느끼던 때 HIPP를 만났다.

HIPP는 놀이를 즐기듯 활동하다 보면 '아하!'하는 깨달음이 온다고 했다. 구체적인 활동 소개가 어렵고 말로도 설명할 수 없으니 일단 직접 참여해보면 많은 배움과 성찰이 있다고 했다.

동료들의 소개를 듣고 호기심 가득한 채로 2박 3일 숙박 교육에 참여했다. HIPP는 숙박이 필수이다. 모든 참가자가 함께 시작하고 마무리하며 과정 중에 잠시라도 이탈하지 않는 조건으로 참여하는 교육이었다.

교재도 필기도구도 없었고 온전히 활동에 몰입하며 참여했다. 어린아이처럼 천진한 마음으로 재미있게 놀았고 그 놀이로 평화와 비폭력에 관한 많은 활동과 생각거리를 만날 수 있었다. 초중고 학창 시절로 시간여행을 떠나게 해준 덕분에 나이가 주는 무게감에서 조금은 자유로워졌다. 자기 본연의 모습을 찾고 자신을 알아가며 관계 속에서 성장하는 것의 중요함이 커졌다.

Q. 청소년평화감수성훈련(HIPP)과정에서 의미 있게 다가온 것은 무엇인가요?

HIPP 입문 과정은 학창 시절 소풍 갈 때나 손님이 오실 때만 구경할 수 있는 종합선물 과자 세트와 같이 다채롭고 풍요로웠다.

첫 번째는 3명의 공동진행자가 보여주는 망가짐과 웃음이었다. HIPP의 진행자는 진행자이면서 동시에 참여자이기도 하다. 평균나이 50 이상으로 보이는 진행자들이 동물 흉내 놀이 등을 할 때 누구보다도 열심히 즐기는 모습을 보았다. 그들이 함께 활동하며 전해주는 웃음의 순수함과 천진함은 잊고 있던 놀이 감성을 깨웠다.

두 번째는 가르침과 배움의 구분이 없는 서로 배움이었다. 개인 미션이나 모둠 미션 등을 열심히 수행하고 난 뒤에 진행자는 참여자들에게 질문을 던진다. '자신에 대해 알아차린 것, 새롭게 알게 된 것, 활동하며 떠오른 생각이나 의식되었던 것이 있는가?' 등이다.

질문을 듣고 그제야 미션을 수행할 때 자신이 어떻게 생각하고 반응했는지, 사람들에게 어떤 말과 행동을 했는지 살펴진다. 습관적인 패턴이나 반응방식 등을 알아차리게 되고, 평소 일 처리 등을 할 때 무엇에 반응하며 움직였는지 돌아보게 된다.

진행자가 주는 질문에서도 알아차림과 배움이 일어나지만, 참여자들이 서클 안에서 자신의 이야기와 성찰을 들려줄 때는 더욱 깊은 배움이 일어난다. '아, 그렇게 생각했구나. 그런 면도 있겠구나. 이렇게 다르고 다양할 수가'.

공통성과 다름이 주는 서클의 다양성과 그로 인한 역동은 실제 놀이와 활동을 통해 몸과 머리를 부대끼며 직접 받아들인 것이라 더욱 실감 나고 생생했다.

서클 안에서 주제 활동이 끝날 때마다 성찰 질문과 그 나눔들이 이어지지만, 진행자는 그 질문의 의도와 답이 무엇인지, 이 활동에서 배우고자 하는 것이 무엇인지 말하지 않는다. 진행자도 한 사람의 참여자로 함께 한다.

세 번째는 다양한 주제 활동으로 자연스럽게 키워지는 평화 감수성이다. 국가와 사회의 폭력성이 개인의 폭력을 낳고, 개인의 폭력성이 관계의 폭력성을 낳게 되고, 관계의 폭력성이 다시 사회와 국가의 폭력성을 낳는다는 것. 이러한 폭력성의 고리가 내 안의 폭력성과 사회의 폭력성으로 강화되고 증폭된다는 것을 절실하게 알아차리게 된다.

네 번째는 HIPP의 12가지 지혜이다. 이 지혜는 자극에 대해 자동 반응하려고 할 때, 개인적인 관계나 공동체 안에서 갈등이 일어날 때, 자신이 속한 공동체를 돌보는 데 무엇이 필요한지 알고 싶을 때, 대화 속에서 길을 잃고 혼란스러울 때 길을 터 주거나 방향을 잡아준다.

다섯 번째는 진행자들이 강사비를 받지 않고 순수 기여로 연수를 진행한다는 것이다. 참가자들은 숙식비 등 실비만을 내고 진행자들은 진행비를 따로 받지 않는데 그 이유는 HIPP의 지혜가 온전히 경험되고 전해지기 위해서라고 했다.

여섯 번째는 HIPP는 처음 접하는 참여자들이 온전하게 그 경험을 누리도록 프로그램을 보호한다. 일단 가볍게라도 비슷한 활동을 하게 되면 '아, 예전에 내가 해봤던 활동이네' 하면서 집중과 관심이 떨어져 진지한 고민과 성찰이 어렵다는 것이다. 프로그램을 익혀 학교 등에서 실천하고 싶은 마음이 컸으나 그 취지에 동의가 된다. 프로그램 보호 속에서 참가자들이 온전하게 자신과 만나기를 바란다.

Q. 이후 청소년평화감수성훈련(HIPP)은 어떻게 이어갔나요?

입문을 시작으로 심화 1, 심화 2를 거쳐 진행자과정까지 수료하였다. 경험과 배움의 내용을 일상에서 체화할 수 있도록 과정마다 6개월 이상의 간격을 두고 참여하기에 진행자과정 수료까지 꽤 긴 시간이 걸렸다. 매번 활동 내용과 흐름이 달라 호기심과 기대를 안고 즐겁게 참여하다 보니 진행자과정까지 수료하게 되었다.

HIPP 진행자로 성인 교육과 청소년 교육을 각각 진행했다. 놀라운 점은 활동 후에 나누는 성찰 내용이 성인과 청소년이 크게 다르지 않았다는 것이다. 나이가 어리고 경험의 시간과 양이 적다고 해서 청소년이 결코 미숙한 존재가 아니라는 것을 깨달았다. 오히려 회복탄력성이 강한 청소년들은 고통과 상처로부터 자신을 회복하는 힘이 강하고 빠르다는 것도 알게 되었다. 청소년들이 이런 활동으로 자신을 들여다보고 알아차리는 경험을 자주 한다면 훨씬 건강하고 지혜로운 삶을 살아가리라는 확신도 들었다.

Q. 그 외에 평화감수성훈련에는 어떤 프로그램들이 있나요?

비폭력평화물결 단체에서 '서클타임'이라는 평화감수성훈련 프로그램을 개발하여 보급하고 있다. 사회 정서 학습을 중심으로 6시간씩 3일간의 일정으로 진행된다.

자아존중감, 공동체구축, 사회정의의 3가지 주제로 구성되었으며, 평화감수성을 기르는데 막강한 활동들로 이루어져 있다. 그중에 사각형 만들기, 동그라미세모네모마을, 건물 만들기 등은 미션이 주어졌을 때 내가 어떤 패턴으로 움직이는지, 주변 사람들에게 무엇을 강요하고 불만족스러워하는지 등을 알아차리는 데 도움이 많이 되었다. '사부로 모시기' 활동도 가르침과 배움이 무엇인지 여러 가지 생각의 확장을 경험하게 하였다.

또한 한국NVC센터에서 보급한 청소년 비폭력대화 '스마일키퍼스'가 있다. 프로그램은 분노, 슬픔, 질투, 사랑 등의 여러 감정과 중요한 욕구를 그림이나 다양한 몸짓, 명상 활동 등으로 다룬다. 더불어 친구와 가족 간의 갈등, 청소년의 권리와 책임 등 총 34개의 주제로 구성되어 있다. 놀이하듯 재미있게 참여하다 보면 자신을 돌보고 치유하며 가정이나 학교 공동체 안에서 평화롭게 관계 맺는 방식을 배운다.

그리고 피스모모가 진행하는 '평화교육진행자 입문과정'이 있다. 이 교육 역시 국가폭력, 차별과 혐오로 일어나는 사회가 가진 다양한 폭력 문제와 개인의 폭력성까지 두루 살피면서 인간애와 평화 감수성을 일깨우는 내용으로 이루어져 있다. 모든 활동이 연극, 음악, 율동, 놀이, 그림, 시 창작 등으로 다채롭게 이루어져 쉴 틈 없이 움직이고 사고하고 성찰하는 시간이 이어진다.

Q. 청소년평화감수성훈련 프로그램 진행 중 기억나는 사례가 있나요?

손교사: 중학교 3학년 방과 후 프로그램으로 8명의 남학생들과 4주간 수업을 진행했다. 참여한 학생들은 모두 친구 사이였지만 그중 A 학생은 친구 관계에 자존심이 상하는 일들이 가끔 생겨 불편함과 어려움을 겪고 있었다.

프로그램 진행 중 화가 났던 경험을 돌아가며 이야기 나눌 때였다. A 학생은 친구가 자신을 '사마귀'라고 부르면 화가 난다고 했다. 그 말로 A를 놀렸던 한 아이가 자신의 말하기 차례가 되자 A가 그 별명을 싫어하는 줄 몰랐고 미안하다며 사과했다. 그리고 다시는 그 별명을 부르지 않겠다고 약속했다. 둘 마음이 풀어지고 친해지는 계기가 되었다.

심교사: 중학교 자유학기제 선택주제수업으로 진행했다. 교과 수업 시간에는 한마디도 말을 하지 않고 모둠활동에도 참여하지 않던 남학생이 서클 수업에서는 입을 열고 자기표현을 했다. 아마도 토킹스틱과 경청의 힘으로 말할 수 있을 때까지 기다려주었기 때문에 가능했을 것이다. 학생은 수업에 대한 만족감을 표현하며 서클 수업이 기다려진다고 했다.

교과 수업 시간에는 바쁘게 진도를 나가느라 학생의 속도를 기다려주지 못해 안타까웠다. 서클 수업으로 학생의 본 모습을 볼 수 있어 학교에서 이런 활동이 필요함을 확인하는 순간이기도 했다.

장교사: 고등학교 방과 후 특별프로그램으로 한 학기 동안 진행했다. 수업 후 아이들의 전체적인 반응은 자신에 대해 알게 되어 좋았고, 여러 관계 속에서 평화롭게 지내는 방법들을 익혀 유익하다고 했다.

그중 비폭력은 무거운 주제라고만 생각했는데 놀이와 활동을 하면서 배우니 즐거웠다는 말과 힘들고 짜증 날 때는 마음에 담아두고 참기만 했는데 자기 분노가 어디에서 온 것인지 알게 돼서 마음이 편안해졌다는 말이 기억에 남는다. 교육이 진행되는 기간에 학생들이 배운 것을 적용해본 경험을 들려줄 때는 더없이 뿌듯했다.

4. 마음비추기 사계절 리트릿[4]

교육센터 마음의 씨앗에서는 파커 J. 파머의 '가르칠 수 있는 용기 리트릿(Courage to Teach Retreat)'의 한국 자매프로그램으로 마음비추기 사계절 리트릿을 진행하고 있다. '내면과 일상, 개인과 사회, 침묵과 말, 홀로 있음과 함께 있음'의 교차점에서 각자 자신을 비추고 진실한 삶에 다가갈 수 있도록 돕는 프로그램이다.

리트릿에서는 20명가량의 참가자가 마음과 몸을 편히 할 수 있는 공간에 모여 가을부터 여름까지 1년 동안 계절마다 2박 3일의 신뢰서클을 진행한다. 동일한 참가자들이 사계절의 순환을 함께한다. 서클은 신중하게 설계된 개인별, 그룹별 활동과 계절적 주제들로 구성되어 있다.

다양한 시, 여러 전통에서 온 지혜의 글, 저널, 미술품, 자연, 대화 등을 활용하여 성찰의 시간을 갖는다. 홀로, 혹은 다른 사람들과 함께 자신의 삶과 직업적 삶의 관계, 정체성 등에 대해 성찰한다. 각각의 리트릿에서는 쉬고, 놀고, 자연을 만끽하며 산책할 수 있는 여유시간들이 주어진다.

또한 매 리트릿에서는 '명료화모임(clearness committee)' 시간을 갖는다. 이 모임은 자기 삶에 중요한 고민거리가 있는 사람이 자원하여 중심인물(focus person)이 된다. 4~5명의 위원이 중심인물의 이슈를 경청하고, 정직하고 열린질문을 하여 중심인물이 스스로 내면의 지혜를 탐색하고 분별하도록 돕는다.

Q. 마음비추기 사계절 리트릿에 참여한 계기가 있나요?

자신의 내면에서 들려오는 목소리를 듣게 해주는 프로그램이 있다고 소개를 받았다. 마침 지역에서 2014년 봄, 마음비추기 1박 2일 초대 피정이 열려 참여하게 되었다. '자기 마음비추기'라는 참가신청서를 써야 하는데 내 안에 무엇이 이 과정으로 이끄는지를 먼저 살피게 했다.

---

[4] 교육센터 마음의씨앗. "13기 마음비추기 4계절 피정 리트릿에 여러분을 초대합니다." 교육센터 마음의 씨앗 블로그. 2020.07.20. <https://blog.naver.com/innerteacher> 2021.09.30.

마음비추기 피정은 기존에 경험했던 서클과는 분위기가 사뭇 달랐다. 서클의 또 다른 멤버인 침묵을 초대하고 잠시 종소리에 머무르며 서클이 열렸다. 자신의 숨소리를 의식할 정도로 고요한 가운데 센터피스에 놓여있는 촛불을 응시했다.

사계절 리트릿에서 '피정'은 수도원 등에서 하는 영적 수련 등 종교적 색채의 피정이 아니라 '피세정념(避世淨念)'의 말 그대로 '일상으로부터 잠시 떠나 고요함을 얻는 것'이라고 했다.

리트릿에서는 고요한 침묵 가운데 자신과 대화하며 자기에게 필요한 지혜를 만난다. 자신과 온전히 만날 수 있는 안전한 공간, 부드러운 대화, 따뜻한 사람들, 그 안에 깃든 환대와 초대의 마음들이 자신을 비추게 한다.

다음 해 2015년 마음비추기 사계절 리트릿을 신청했다. 리트릿은 가을에 시작해 이듬해 여름까지 진행되었다. 가을 열매는 곧 씨앗을 의미하고 그 씨앗에서부터 이미 생명의 기운이 들어있어 계절의 시작을 '참자아의 씨앗'이라는 주제로 가을부터 진행한다고 했다.

Q. 마음비추기 사계절 리트릿에서 의미 있게 다가온 것은 무엇인가요?

첫째는 '안전한 공간을 형성하는 신뢰서클의 주춧돌'에 기반해 2박 3일을 지낸다는 점이다. 그 중 첫 번째 추춧돌은 '항상 초대하고 침해가 되지 않도록 한다.'이다. 일상은 요구와 침해가 많고, 선의를 핑계로 상대에게 강요하는 일이 많은데 항상 초대라는 말이 마음을 따뜻하게 한다.

리트릿에서는 돌아가며 자기소개를 하지 않는다. 기꺼이 서클의 중심을 향해 자신이 목소리를 내고 싶을 때 참여하는 방식으로 진행된다. 처음 신뢰서클을 경험하는 사람 중에는 매번 질문이 던져지면 꼭 대답하려는 사람이 있다. 물론 3일 동안 서클 안에서 한마디도 하지 않는 사람도 있다. 서클 안에서는 이 모든 것들이 초대이므로 편안하고 자연스럽다.

둘째는 텍스트를 읽으며 의미 있게 다가오는 단어나 구절 등을 찾아 서로의 경험과 생각을 나누는 시간이다. 서클 안에서의 나눔은 자기 생각을 관철하고 설득하기 위한 토론이나 생각의 합의를 이루는 토의가 아니라 텍스트를 통해 자신을 성찰하고 들려주는 이야기에서 또다시 자신을 들여다보는 과정으로 말 그대로 자신을 비추는 시간이다.

셋째는 침묵이다. 침묵은 말과 말 사이에, 관계와 관계 사이의 불편함으로 생겨난 것으로 생각하기 쉽다. 그 불편함을 깨기 위해 어설픈 농담을 하거나 질문을 하거나 가십거리를 꺼내 그 사이를 메꾸려고 애쓴다. 그런데 침묵이 주는 여유와 자신을 들여다보게 하는 시간을 체험하면서 침묵의 소중함을 알게 된다.

넷째는 '시'를 읽고 나눈다. 학창 시절에 시는 시험을 위해 분석하고 정답을 찾는 텍스트였다. 그런데 마음비추기 서클에서 만난 시들은 온전히 자신을 비추는 데 사용된다. 시가 나에게로 와서 말을 걸고 시 덕분에 온전히 내가 된 느낌이 든다. 게다가 평범하고 흔한 A4 흰 종이가 아니라 분홍, 연두, 진노랑, 연보라 등 여러 색지 위에 쓰인 시들은 더욱 생기와 의미를 부여해 준다.

다섯째는 '홀로 비추기-셋 비추기-전체 비추기' 활동이다. '비추다'에는 '어떤 것이 다른 것의 특징이나 모습을 넌지시 깨우쳐 주거나 밖으로 드러낸다'라는 뜻이 있다. 서클에서 사용하는 시와 텍스트, 오브제, 사진, 그림 등은 넌지시 자기에게 말을 걸어오며 마음의 상태와 주변의 환경은 어떠한지, 무엇을 두려워하고 무엇을 중요한 가치로 생각하는지 등을 깨우쳐 주는 역할을 한다.

Q. 마음비추기 사계절 리트릿의 가장 큰 매력은 무엇인가요?

마음비추기 사계절 리트릿의 가장 독특하면서도 의미 있는 프로그램은 바로 '명료화 모임'이다. 서클로 앉아 공간의 불은 모두 끄고 촛불만 켠 상태에서 중심인물이 해결하거나 결정해야 할 자신의 이슈를 꺼내놓으면 명료화모임의 위원들이 정직하고 열린질문을 한다. 중심인물은 그 질문에 자신을 탐색하며 내면의 어둠에 스스로 불을 밝혀 길을 만들어간다.

손교사: 돌봄을 받고 싶고 돌보고 싶은 마음 사이에서, 하고 싶은 것과 해야만 하는 것 사이에서 혼란스러울 때 명료화모임의 중심인물이 되었다. 근무처 이동에 대한 이슈로 내적 탐색의 시간을 가졌다.

위원들이 정성스럽게 만들고 조심스럽게 건네주는 정직하고 열린질문은 내 이슈를 명료화하는 데 많은 도움을 주었다. 근무처를 결정하는 데 도움을 받고 싶어 중심인물이 되었는데 그 과정에서 만난 것은 내 내면 깊숙이 존재하는 근본적인 진실이었다.

이후에도 삶의 이슈가 있을 때 리트릿에 참여한 동료들을 서로 초대하여 명료화모임을 갖기도 했다. 정말 특별하고 감사한 일이다.

심교사: 번민과 고통으로 빠져나갈 문이 보이지 않을 때 명료화모임을 만나 나갈 문을 찾았다. 명료화모임에 전문가의 솔루션은 없다. 신뢰할 수 있는 동료들이 오직 열린질문을 건네주며 중심인물이 길을 찾도록 돕는다.

혹 그 질문이 내면 탐색에 도움이 되지 않을 때는 질문에 진술하지 않고 부드러운 표현으로 거절하면 된다. 한 영혼을 지지하며 정성스럽고 섬세하게 돌보는 명료화모임이 가장 큰 매력이었다.

장교사: 명료화모임의 위원이 되어 중심인물의 영혼에 생채기를 내지 않고 자기 내면을 탐색하도록 돕는 일은 긴장되고 조심스러웠다. 전날 밤 진행된 명료화모임 때 온몸에 퍼진 긴장을 식히기 위함이었는지 새벽에 식은땀이 줄줄 흘렀다.

너무나 귀한 경험이었다. 중심인물이 자기 내면의 가르침을 들을 수 있게 위원들은 열린질문을 한다. 중심인물이 그 질문에 성심을 다해 자신을 탐색하고 길을 열어가는 모습을 보며 공동체란 이런 것이 아닐까 생각했다.

봄 피정 때 가족 이슈로 중심인물을 신청했다. 원망과 미움으로 시작해 나에 대한 연민으로 울다가 깊은 뿌리에는 가족에 대한 사랑이 있었음을 알아차렸다. 다음 날 일어나니 몸이 개운했다. 일상 속으로 돌아가 가족과 부대끼며 살아갈 수 있는 용기와 힘이 다시금 생겼다.

5. 교사신뢰서클[5]

교사신뢰서클은 미국의 CCR(Center for Courage and Renewal) 재단에서 진행하고 있는 '가르칠 수 있는 용기 피정(Courage to Teach Retreat)'에 기반을 둔 교사 성장 프로그램이다. 우리나라에서는 '교육센터 마음의씨앗'이 진행하고 있다.

파커 J. 파머의 책 〈가르칠 수 있는 용기〉를 텍스트로 삼아 이미지, 오브제, 시 등을 통해 열린질문과 함께 침묵 가운데 홀로 비추기, 셋 비추기, 전체 비추기 방식으로 진행한다. 자발적인 참여가 중요하며 참가 인원은 20명 내외의 교사들로 구성된다. 좋은 가르침의 기반이 되는 교사 자신의 정체성을 지지하고 심화하는 교육 프로그램이다.

바쁘게 돌아가는 일상을 벗어나 자신 안의 목소리에 온전히 귀 기울이도록 2박 3일의 숙박 교육으로 진행한다. 침묵과 고독을 경험하기 위해 가능한 한 1인 1실을 사용하게 하고 휴대전화나 전자기기의 사용도 최소화할 것을 권장한다.

좋은 가르침은 외적인 능력이나 기술을 통해서만이 아니라, 교사가 자신의 존재에 온전히 깨어있을 때 가능하다. 그리고 교사 자신의 온전한 삶이 수반될 때 비로소 그 가르침이 아이들의 마음에 스며들 수 있다. 가르침과 배움의 의미를 깊이 탐구하고, 교실에서 겪는 간극과 긴장을 창조적 에너지로 바꿔내는 지혜를 모색한다.

Q. 교사신뢰서클과의 첫 만남은 어떠했나요?

손교사: 서클은 파커. J.파머의 〈가르칠 수 있는 용기〉라는 책에 기반해 진행되었다. 아이러니하게도 파머의 책은 내가 교사로 발령받고 얼마 되지 않아 누군가로부터 선물 받은 책이다. 너무 어려워 1장을 읽다 말았고, 다른 학교로 옮기는 과정에서 분실하였다.

당시에 나는 교육 문제의 근원이 정부의 잘못된 정책 때문이라 생각했다. 그렇기에 교사 자신의 내면 풍경을 살피라는 파머의 말은 너무 추상적이고 현실의 문제를 피해간다는 생각에 반감이 들었다.

---

5) 교육센터 마음의씨앗. "내면의 교사 신뢰서클에 초대합니다." 교육센터 마음의씨앗 블로그, 2018.04.11. <https://blog.naver.com/innerteacher>, (2021.09.30.)

그런데 10년이 흘러 서클 안에서 다시 보게 된 파머의 글은 구구절절 가슴에 와닿았다. 특히 교직의 어려움을 설명하며 '학생들을 분명하게 이해하고 하나의 전체로 보아주고 매 순간 그들에게 현명하게 반응하려면, 프로이트와 솔로몬을 합쳐놓은 것 같은 사람이 되어야 한다.'[6] 라는 표현에는 웃음이 나오기도 했다. 교사라는 직업이 가르치는 것 외에도 도난 사건이 생기면 경찰 역할을 해야 하고, 학교폭력 사안이 생기면 판사 역할까지 해야 한다고 함께 모여 한탄하던 장면이 생각나서이다.

교사로서 많은 역할과 요구에 지쳐있던 나는 서클에서 만난 파머의 글로 공감과 위로를 받았다. 교육의 시작은 교사의 자기돌봄과 교사로서의 자리매김을 어떻게 하는가가 먼저라는 생각이 절실해졌다.

심교사: 교사의 정체성에 대해서 교사는 마땅히 이래야만 한다고 강요하면 억압으로 답답해진다. 교사는 전문직이고 성직이라는 책임의 말로 자부심을 부여해도 그렇게 책임 지워진 정체성은 내려놓고 싶은 짐이다.

더군다나 교사로서 보람과 의미를 찾지 못하고, 경제적 문제를 해결하기 위한 직업인으로서의 정체성만을 갖는다면 우리의 일은 노역일 것이다.

나는 왜 교사인가? 나는 왜 교사로 살기로 했는가? 이렇게 아프고, 이렇게 지치고, 이렇게 힘든데 나는 왜 아직도 교사인가? 이런 질문을 여러 번 했다. 그러나 늘 머리로만 생각하다가 가슴에 머무르지 못했다.

동료늘과 서클에서 질문으로 나를 비추는 동안 그 질문은 머리에서 내려와 가슴에 머물게 되었다. 그래서 비로소 집중하게 된 것은 외부의 사건도, 외부의 다른 누구도 아닌, 바로 나 자신이었다. 내가 나를 온전하게 바라보는 순간 나의 내면의 교사는 나에게 지혜를 펼쳐준다. 그 경험을 잊을 수 없다.

장교사: 고3 국어교사로 EBS 대학수능연계 문제집과 수능기출문제집을 가지고 문제

---

6) 파커 J. 파머, 가르칠 수 있는 용기, 이종인, 이은정 옮김, 한문화, 2013, p35.

풀이 수업을 하고 있을 때 교사신뢰서클을 만났다.

교사신뢰서클은 '교사'에 집중하는 서클이었다. 파커 J. 파머의 책 [가르칠 수 있는 용기]에는 '어떤 내용을 가르칠 것인지, 어떤 방법과 기술이 필요한지, 어떤 목적과 목표를 달성해야 하는지는 자주 묻지만, 가르치는 사람은 누구인지, 그의 자아의식이 어떤 영향을 미치는지 등은 거의 질문하지 않는다.'[7] 라는 내용이 있다.

교사신뢰서클에서 알게 된 나의 모습은 생텍 쥐페리의 책 [어린 왕자]에 나오는 누구의 명령인지도 모르면서 그저 명령이라며 끊임없이 가로등을 켜고 끄는 '가로등 켜는 사람'이었다.

주어진 학교 업무와 하루하루 발생하는 학생들의 건의나 고민 등을 처리하고, 교과수업 진도 나가며 학생들 입시 준비 문제 풀이 수업에 열중이었다.

교사로서의 삶에 진정성을 부여하고, 나와 학생들과의 관계에서도 온전함을 회복하기 위해서는 나를 돌아보는 시간이 필요함을 서클을 통해 알게 되었다.

Q. 교사신뢰서클은 어떤 주제로 이루어져 있나요?

교사신뢰서클은 '내면의 교사, 커뮤니티, 리더십' 세 과정으로 이루어져 있다.

1 과정 '내면의 교사'에서는 교사의 정체성을 탐색한다. 교사로서 가르치는 교과에 대한 열정과 관심은 어느 정도인지, 어떤 것을 학생들과 함께 수업 시간에 나누고 싶은지, 학생들에게 즐거우면서도 진정한 배움이 일어나길 위해서는 무엇이 필요한지 등을 고민하며 교사와 학생들 사이에서 행해지는 가르침과 배움을 탐색한다.

2 과정 '커뮤니티'에서는 학교 동료들과 어떻게 커뮤니티를 이루며 관계 맺고 성장하는지를 살핀다. 구체적인 방법이나 기술을 찾기보다는 자기 내면의 소리를 듣는 활동이 중심이다.

3 과정 '리더십'에서는 진정한 리더십이란 무엇인지 새롭고 다양한 시각에서 탐색한다. 리더라는 단어가 자신에게 적용될 수 있는가? 우리는 어떤 사람을 리더라고 부르는

---
7) 파커 J. 파머, 가르칠 수 있는 용기, 이종인, 이은정 옮김, 한문화, 2013, p38.

가? 리더에게 부여되는 책임과 비난을 피하고 싶어 혹 자신이 리더임을 부정하고 싶을 때는 없는가? 등의 질문을 다룬다. 특히 '리더의 그늘'이라는 텍스트를 읽고 교사 자신이 가지고 있는 빛과 그늘을 다루며 선한 영향력을 미치는 리더에 한 발짝 다가간다.

Q. 교사심리서클에서 인상적인 것은 무엇인가요?

공통의 텍스트를 읽고 열린질문으로 자신의 내면을 탐색하고 나서 세 명이 그룹을 이뤄 자신의 진실을 이야기하고 상대의 진실을 침묵으로 듣는 경험은 아주 특별했다.

셋이서 이야기를 하고 나면 전체 서클에서 이야기를 다시 나누는데 돌아가며 말하지 않고 침묵 가운데 자신 안에서 어떤 목소리가 들리면 서클의 중심을 향해 이야기를 꺼내놓는 방식이었다.

놀라운 것은 갈수록 고요한 가운데 처음 어렴풋하던 진실이 점점 뚜렷하게 떠오른다는 사실이다. 특히 자신이 하고 싶은 이야기가 서클 안에서 다른 누군가의 목소리로 표현되는 것을 듣게 될 때는 마치 하나가 된 듯하다.

프로그램 내용에 열린질문이 무엇인지 탐색하고 연습하는 시간이 있다. 보통 교사들은 학생들에게 질문한 뒤 탐색할 시간을 충분히 주지 않고 바로 대답을 요구하거나 조급함에 답을 즉시 제시한다. 그러면서 학생들에게 그것도 모르냐며 탓하거나 생각하기 싫어한다고 판단해 버린다. 게다가 학생들에게 하는 질문은 사고의 확장을 돕는 것이 아니라 네, 아니요 또는 정답을 요구하는 닫힌질문이 대부분이다.

열린질문은 자신의 이슈를 고정된 시각에서 벗어나 다양한 각도에서 바라볼 수 있게 한다. 그리고 열린질문을 만드는 연습은 어떤 질문이 마음을 닫히고 열리게 하는지 알아차리는 감각을 익히게 한다.

6. 함께 이끌기 서클

'함께 이끌기(Leading Together)'는 신뢰서클의 원리에 기반을 두고 미국 CCR(Center for Courage & Renewal, 용기와 회복 센터)에서 건강한 학교 커뮤니티 형성을 위해 개발하였고, 학교 구성원들 사이에 신뢰를 강화하는 데 초점을 둔 교사 연수 프로그램이다.

좋은 학교를 만드는 데 핵심은 교직원 사이에 형성된 신뢰 관계이다. 함께 이끌기는 협력적인 커뮤니티를 만들고 유지하는 것의 중요성을 깨닫고 서로 지지하는 긍정적인 문화가 지속해서 작동할 수 있도록 돕는다. 구성원들이 서로 돌보고, 함께 회복하며 나아가는 힘과 용기를 길러주기 위한 성찰 훈련프로그램으로 고안되었다.

> 상호신뢰는 동료관계에서 형성된 '마음의 습관'에서 시작된다. 상호신뢰는 내면 작업을 많이 할수록 더 단단해진다. 내면 작업이란 자신의 에고를 내려놓고 협력하는 것, 의심보다는 존중으로 다른 사람에게 다가가는 것, 경청하기 위한 내면의 공간을 만드는 것, 우리가 모든 답을 갖고 있다고 확신하는 것이 아니라 다른 사람들이 말을 할 수 있도록 듣는 것, 다른 사람에게 사랑을 강요하지 않고 사랑으로 우리의 진실을 말하는 것, 실패했을 때 다른 사람들과 자신을 용서함으로써 상호 신뢰를 회복하고 단단히 할 기회를 주는 것 등을 말한다.[8)]
>
> – 파커 J. 파머 Parker J. Palmer

Q. 함께 이끌기 서클과의 첫 만남의 계기는 무엇인가요?

2018년 10월부터 2019년 7월까지 매달 1박 2일이나 2박 3일의 일정으로 1년간 총 140여 시간을 45명의 교사와 '함께 이끌기 활동가 양성과정' 서클에 참여했다. 전국에 있는 교사를 대상으로 처음 개최하는 서클이었다.

서울 등 다른 지역에서 열리는 과정을 1년간 지속할 수 있을까 고민이 되었다. '이 과정에 참여하고 싶은 마음은 뭐지?'라는 질문이 계속 떠올랐다. 그동안 여러 서클에서 자신을 성찰하고 돌봄의 에너지와 기운을 얻었기에 그것을 학교에서도 실현하고 싶었다.

---

8) 교육센터 마음의씨앗, 함께 이끌기 워크숍 자료, 교육센터 마음의씨앗, 2019.

구체적인 실행방법을 배우리라는 기대보다는 내 안에 그것을 실천할 힘과 용기를 얻고 싶었다. 조직이 아닌 공동체에 가까운 학교 커뮤니티를 이루기 위해 한 발짝 다가갈 용기가 필요했다.

1년 간 서클 안에서 학교커뮤니티 형성을 가능하게 하는 요소들이 무엇인지, 어려움은 무엇인지, 필요한 것은 무엇인지를 탐구하고 탐색하는 과정을 밟아 가다 보면 자연스럽게 도전과 용기가 싹트리라는 기대가 있었다. 전국의 서클 동료들과 함께하며 공동체 안에서 상호신뢰와 존중, 평등한 책임, 경청에 기반한 관계를 먼저 경험하고 촉진자 역할을 하고 싶었다.

Q. 함께 이끌기 서클에서 의미 있게 다가온 활동은 무엇인가요?

'안전한 공간을 형성하는 가이드라인'을 만드는 작업이었다. 1년 과정의 서클 공동체에서 서로 어떻게 관계 맺고 안전하게 만날 것인가를 결정하는 과정이었다. 각자가 함께 이끌기 서클에 품고 있는 기대와 희망, 목표와 꿈을 내어놓고 그것을 실현하기 위한 방법을 구체적인 행동 표현으로 만들어 약속을 정했다.

이 과정에서는 어떤 의견도 소수의견이라고 포기되거나 버려지지 않았다. 조사 하나, 단어 하나, 문장 하나, 모든 것에 대해 전체 만장일치가 이루어질 때까지 다듬었다. 그만큼 힘들고 긴 시간을 투여했다. 12가지의 가이드라인이 정해졌다. 몇 가지 소개하면 다음과 같다.

> 1. 공동체를 의식하며 머물기
> 2. 온몸을 귀로 하여 있는 그대로 경청하기
> 3. 비판이나 조언, 평가하기보다 존재 자체로 다름을 껴안기
> 4. 필요가 있을 때 공동체에 제안하기

12개의 가이드라인을 매달 서클이 열릴 때마다 확인하고 재수정하며 모호한 내용은

구체화하는 작업을 이어갔다. 서클 안에서 약속들이 지켜지고 경험되어질 때의 기쁨을 나누기도 했지만, 약속을 지키는 것에 대한 부담을 표현하기도 하며, 약속이 지켜지지 않는 것에 불만족을 표출하기도 했다. 서로가 가진 가정(假定)이 다르고 각자가 더 중요하게 여기는 가치가 다르다는 것도 확인하며 여러 번 검토하고 수정됐다.

한 번 정해진 가이드라인이 사문화되지 않고 1년 내내 생생하게 공동체 내에 흐르는 것을 보았다. 그것이 우리 안에 여전히 유효한지 매번 확인하는 것만으로도 커뮤니티의 건강함을 드러낼 수 있겠다는 희망이 보였다. 그리고 그런 일이 가능해지려면 충분한 대화 시간과 모두가 동등하게 대화에 참여하는 것이 필요함도 알게 되었다.

의사결정 과정에서 각자가 소외되지 않고 서로의 진심들이 들려진다면, 우리는 조금 더 평화롭고 안전하게 연결될 수 있다. 그리고 모두의 의견이 반영되어 결정되기 때문에 모두가 함께 실천해 가리라는 기대가 생겼다.

교사와
서클 열기

1. 공감 연습서클

　공감 연습서클은 비폭력대화 방식으로 자신과 상대를 공감하는 법을 연습한다. 관계 안에서 일어난 자극에 상대를 공격하거나 자신을 비난하는 방식으로 반응하지 않고, 나와 상대를 온전히 바라보며 공감하는 법을 비폭력대화로 연습한다.

　가정이나 학교, 회사 등에서 자신이 자극받았던 상황을 서클에 꺼내놓고 참여자들의 도움을 받아 그때 자신의 느낌과 욕구를 찾는다. 어떤 욕구가 중요해서 그 당시 그런 느낌이 들었는지를 알아차리며 자신을 공감한다.

　자신에 대한 공감이 먼저 충분히 되어야 자극이 되었던 상대의 말과 행동에 대한 이해와 공감도 이루어진다. 에너지가 소진된 상태에서 상대가 주는 자극에 노출될 때는 격한 말이나 행동으로 상대를 공격하거나 무기력에 빠지는 습관적인 반응에 빠지기 쉽다. 특히 부모, 교사 등 어린아이들을 돌봐야 하는 위치에 놓인 경우는 더욱 그러해서 자신을 돌보는 것이 먼저다. 비행기에서도 위기 상황에서 아이를 지키기 위해서는 부모가 먼저 산소호흡기를 쓰는 것처럼 말이다.

　자신을 돌보는 방식은 많다. 여행을 가거나 좋아하는 취미생활을 즐기거나 친구들을 만나 담소를 나누는 등 다양한 방법으로 스트레스를 풀고 원기를 회복한다. 그중 공감 연습서클은 자극이 되었던 상대의 말과 행동을 직접 다루며 자신을 돌본다.

　"엄마가 내 엄마가 아니었으면 좋겠어.", "다시는 내 집에 오지 마라", "너 따위가 무슨 선생이야.", "선생님, 학교 가기가 무서워요.", "잘하는 일이 도대체 뭐야." 등의 말을 내어놓으며 다시금 격양된 감정이 올라오거나 때론 그 상황에 놓인 자신이 안쓰러워 눈물을 흘리기도 한다.

　그 말을 들었을 당시에는 미처 살피지 못했던 자신의 감정과 욕구를 서클 동료들의 도움으로 알게 되고, 자신에 대한 연민과 함께 깊은 이해가 생겨 기운을 얻는다.

　"엄마가 내 엄마가 아니었으면 좋겠어."라는 말을 들었을 때 당신은 딸과 깊게 연결되고 싶어 서운하고 속상하셨어요?

"다시는 내 집에 오지 마라."라는 말을 들었을 때
당신은 아버지께 인정받고 사랑받는 게 중요해서 야속하고 서글프셨나요?

"너 따위가 무슨 선생이야."라는 말을 들었을 때
당신은 학부모에게 존중받길 원해서 화가 나고 낙담하셨나요?

"선생님, 학교 가기가 무서워요."라는 말을 들었을 때
당신은 학생이 즐겁게 학교생활을 하길 바랐기 때문에 걱정되고 마음이 아팠나요?

"잘하는 일이 도대체 뭐야."라는 말을 직장 상사에게 들었을 때
당신은 자신이 노력한 부분을 알아주길 바라서 막막하고 억울하셨나요?

연습서클에서는 자신에게 자극을 준 상대의 느낌과 욕구를 찾아 공감하는 연습도 한다.

"엄마가 열량이 높은 음식을 먹지 말라고 했을 때 서운했니? 네가 좋아하는 음식을 마음 편하게 먹을 수 있게 이해해주길 바랐어?"
"아버지께서는 합격 소식을 기대하셨는데 원하는 결과가 나오지 않아 언짢으셨어요?"
"자녀가 다쳤다는 말을 들었을 때 돌봄과 관심이 필요해서 속상하셨나요?"
"친구와 가깝게 지내고 싶은데 갈등이 생겨 힘드니?"
"기대했던 보고서와 내용이 달라서 실망하셨나요?"

나에 대한 느낌과 욕구를 찾아 나를 먼저 공감하고, 상대의 느낌과 욕구를 추측하는 연습을 통해 상대를 공격하거나 자기를 비난했던 방식에서 벗어난다. 서로의 욕구에 기

반하여 비극적으로 표현된 말과 행동을 다시금 욕구 자체의 아름다움에 머물며 평온한 나로 돌아온다.

   이렇게 연습을 계속하면 느낌과 욕구를 알아차리는 속도가 점점 빨라진다. 자극이 왔을 때 습관적인 반응을 잠시 멈추고 자신을 들여다보는 틈을 만들어 어떤 행동을 취할지 의식하며 선택한다. 나와 상대에게 상처주는 방식이 아닌 진정한 연결을 위해 무엇이 필요한지 결정한다.

   공감을 연습하고 힘을 얻은 후에는 자극을 주었던 상대를 실제 만나 내 진심을 표현하고 그의 진심을 공감해주는 대화를 실천해보기도 한다. 그런 시도는 갈등의 상대와 깊은 연민으로 연결되는 경험을 쌓아가게 한다.

공감 서클 진행 1 (느낌, 욕구로 공감하기)

\<서클 준비\>

1. **목적**: 자신과 상대의 느낌과 욕구를 찾으며 비폭력대화를 연습하고, 자신과 상대를 공감한다.

2. **자리 배치 및 준비물**: 좌석 동그랗게 배치, 센터피스, 토킹스틱, 종, 느낌욕구목록표 (p199 참고)

\<서클 활동\>

3. **침묵으로 초대하기**: 종소리에 맞춰 잠시 침묵하는 시간을 갖겠습니다.

4. **체크인**: 오늘 기분은 어떤가요? 오늘 모임에서 기대하는 것은 무엇인가요? 비폭력대화와 관련한 경험을 했다면 들려주시겠어요?

5. **우리들의 약속 확인하기**: 상대의 이야기 끝까지 들어주기, 비밀보호 등

6. **모둠(5~6명)으로 아래 진행 과정에 따라 공감 활동하기**

    1) A는 상대의 말과 행동으로 자극받았던 상황을 말한다.

    2) 모둠원은 한 사람씩 돌아가며 A의 느낌을 추측해준다.

    3) A는 추측된 느낌이 자신의 느낌인지를 살피며 자신을 깊이 들여다본다.

    4) 모둠원은 한 사람씩 돌아가며 A의 욕구를 추측해준다.

    5) A는 추측된 욕구가 자신의 욕구인지를 살피며 자신을 깊이 들여다본다.

    6) A는 모둠원이 추측한 느낌과 욕구를 모두 듣고 자신의 느낌과 욕구를 다시 들여다 본 후 그때의 일과 관련해 중요하게 다가오는 자신의 느낌과 욕구를 표현한다.

    7) 모둠원이 돌아가며 위의 활동을 이어나간다.

    * 모둠원 모두가 활동할 수도 있고, 나눌 사례가 있는 사람만 활동해도 된다.

7. 전체 서클로 모여 나눔질문으로 연결하기

· 나눔질문1 · 공감 활동을 하며 자신에 대해 알아차리거나 새롭게 깨달은 것이 있나요?

· 나눔질문2 · 말하는 사람의 느낌과 욕구를 추측해주는 활동을 할 때 중요하게 다가오는 것이 있나요? 또는 어떤 어려운 점이 있나요?

· 나눔질문3 · 자신의 느낌과 욕구를 추측해 줄 때 어떠했나요? 도움 되었던 것이 있나요?

8. 체크아웃: 오늘 모임하고 난 지금 나에게 소중하게 남아 있는 것은 무엇인가요?

공감 서클 진행 2 (역할극으로 상대 공감하기)

<서클 준비>

1. **목적**: 자극을 준 상대의 느낌과 욕구를 추측해보고, 역할극을 통해 상대의 입장이 되어 상대를 공감한다.

2. **자리 배치 및 준비물**: 좌석 동그랗게 배치, 센터피스, 토킹스틱, 종, 느낌욕구목록표 (p199 참고)

<서클 활동>

3. **침묵으로 초대하기**: 종소리에 맞춰 잠시 침묵하는 시간을 갖겠습니다.

4. **체크인**: 지금 몸과 마음의 상태는 어떤가요? 오늘 있었던 일이나 본 것 중에 인상 깊게 남은 한 장면을 사진처럼 표현한다면?

5. **우리들의 약속 확인하기**: 상대의 이야기 끝까지 들어주기, 비밀보호 등

6. **역할극을 활용해 모둠(3명)으로 공감 활동하기**

   1) 모둠원 3명이 각자의 역할을 맡는다.

      A: 상대의 말과 행동으로 자극받았던 실제 사례를 내놓은 사람

      B: A를 자극한 상대

      C: 공감 활동 진행자

   2) 자신의 실제 사례를 내놓은 한 사람(A)이 세 가지의 역할을 경험하며 자신과 상대(B)를 공감하는 활동을 한다.

   - 첫 번째는 자신(A)을 상대(B)가 공감하는 활동이고, 두 번째는 자신(A)이 상대(B)를 공감하는 활동, 세 번째는 자신(A)이 상대 역할자(B)가 되어 상대를 공감하는 활동으로 이루어진다.

① 첫 번째 역할극 (B가 A를 공감)

C: A가 자극받았던 상황을 말하면 B는 자기 생각을 덧붙이거나 중간에 말을 끊지 않고 오직 A의 느낌과 욕구를 추측하며 공감해주세요.

A: 자신이 자극받았던 상황을 진술한다. (예: 너에게 컴퓨터 프로그램 다루는 방법을 물었는데 그것도 모르냐면서 나를 비웃고~)

B: A의 말에 느낌과 욕구를 추측하며 공감한다. (예: 서운했니?)

 * A는 진술을 이어나가고 B는 느낌과 욕구를 추측하며 공감 활동을 계속한다.

② 두 번째 역할극 (A가 B를 공감)

C: B가 자극받았던 상황을 말하면 A는 자기 생각을 덧붙이거나 중간에 말을 끊지 않고 오직 B의 느낌과 욕구를 추측하며 공감해주세요.

B: 자신이 자극받았던 상황을 진술한다.
   예) 컴퓨터 프로그램 설명을 여러 번 해줬는데 물어보니까~

A: B의 말에 느낌과 욕구를 추측하며 공감한다. (예: 같은 내용을 물어보니 답답해?)

 * B는 진술을 이어나가고 A는 느낌과 욕구를 추측하며 공감 활동을 계속한다.

③ 세 번째 역할극 (A는 B가 되고, B는 A가 되어 역할극)

C: A가 B의 역할이 되어 B가 자극받았던 상황을 말하면, B는 A의 역할이 되어 자기 생각을 덧붙이거나 중간에 말을 끊지 않고 오직 B(B의 역할을 하는 A)의 느낌과 욕구를 추측하며 공감해주세요.

A: B가 되어 자신이 자극받았던 상황을 진술한다.
   예) 컴퓨터학원에 다니든지. 내 업무도 바쁜데 매일 물어보니까~

B: A가 되어 B의 말에 느낌과 욕구를 추측하며 공감한다.
   예) 업무 볼 시간이 필요했니?

* A는 B가 되어 진술을 이어나가고 B는 A가 되어 B(B의 역할을 하는 A)의 느낌과 욕구를 추측하며 공감 활동을 계속한다.

7. 전체 서클로 모여 나눔질문으로 연결하기

· 나눔질문1 · 공감 활동을 하며 자신에 대해 알아차리거나 새롭게 깨달은 것이 있나요?

· 나눔질문2 · 각각의 역할로 공감 활동을 할 때의 경험은 어떠했나요?

· 나눔질문3 · 활동을 하며 마음의 움직임이나 전환이 일어난 순간이 있나요?

8. 체크아웃: 이야기를 나누고 나니 지금 어떤가요?

공감 서클 진행 3 (공감 저널 쓰고 나누기)

<서클 준비>

1. **목적**: 자극받았던 일에 대해 일지(공감 저널)를 작성한다. 작성한 것을 바탕으로 공감 모임 참여자들과 나누며 공감도 받고 그때 자신의 욕구 등을 알아차린다.

2. **자리 배치 및 준비물**: 좌석 동그랗게 배치, 센터피스, 토킹스틱, 개인별 저널 노트(또는 노트북), 종, 느낌욕구목록표(p199 참고)

<서클 활동>

3. **침묵으로 초대하기**: 종소리에 맞춰 잠시 침묵하는 시간을 갖겠습니다.

4. **체크인**: 오늘 기분은 어떤가요? 한 주간 나에게 의미 있거나 기억나는 일을 나눠볼까요?

5. **우리들의 약속 확인하기**: 상대의 이야기 끝까지 들어주기, 비밀보호 등

6. 자극받았던 상대의 말과 행동 등에 대해 공감 저널 각자 쓰기 <저널 양식 참고>

   * 공감 저널을 미리 작성해 와서 나눔의 시간을 충분히 가져도 좋음

7. 짝이나 모둠(3명)으로 공감 활동하기(시간을 정해 공평하게 말하고 듣는다.)

   1) 한 사람이 먼저 공감 저널에 작성한 내용에 대해 말한다.

   2) 말하는 사람은 공감의 방식(침묵으로 들어주기, 요약하여 반영해주기, 느낌과 욕구 추측하기)을 선택하여 듣는 사람에게 요청할 수도 있다.

   예) 끝까지 침묵으로 들어주시겠어요?

       제 말 중간에 느낌과 욕구를 추측해서 공감해주시겠어요?

       듣는 사람이 편한 방식으로 저를 공감해주시겠어요? 어떤 방식이든 괜찮아요.

   3) 듣는 사람은 말하는 사람이 요청하는 공감 방식으로 공감해준다.

4) 자신의 이야기를 들어준 상대에게 감사함을 표현한다.

　* 3명이 활동할 때는 남은 한 사람은 침묵으로 자리를 지키며 공감 활동에 참여한다.

5) 역할을 바꾼다.

8. 전체 서클로 모여 나눔질문으로 연결하기

· 나눔질문1 · 저널을 쓰면서 혹은 짝이나 모둠으로 나누면서 자신에 대해 알아차리거나 새롭게 깨달은 것이 있나요?

· 나눔질문2 · 저널을 쓰면서 혹은 짝이나 모둠으로 나누면서 찾은 욕구들은 무엇이고, 그중 가장 다가오는 것은 무엇인가요?

9. 체크아웃: 이야기를 나누고 나니 지금 어떤가요?

* 공감 저널 양식은 자신의 느낌과 욕구를 아는 데 도움이 된다면 자유롭게 작성할 수 있음

〈공감 저널 양식〉

· 제목:

· 날짜:

1. 상황

2. 그때 떠오른 모든 생각(평가, 판단 등)

3. 위의 2에서 적은 생각을 느낌과 욕구로 전환하기

　1) 생각 1:

　　* 느낌:

　　* 욕구:

　　* 생각을 느낌과 욕구로 전환하여 표현하기:

　2) 생각 2:

　　* 느낌:

　　* 욕구:

　　* 생각을 느낌과 욕구로 전환하여 표현하기:

　3) 생각 3:

　　* 느낌:

　　* 욕구:

　　* 생각을 느낌과 욕구로 전환하여 표현하기:

4. 이 일로 새롭게 알게 된 것이나 배움

5. 부탁(자신에게/상대에게/제3자나 공동체에게)

6. 감사

[예시 — 공감 저널 작성]

· **제목:** 있는 그대로 받아들이기
· **날짜:** 0000.00.00.

1. 상황
딸 학교에 학부모초청 공개수업을 보러 감. 다른 학생들은 선생님의 질문에 연속 손을 들어 발표하는데 딸은 손을 한 번도 들지 않음. 아이가 뒤를 돌아보며 나를 보고 웃었을 때 손동작으로 발표를 하라고 했으나 딸이 고개를 흔들며 안 하겠다고 함. 결국 한 시간 동안 발표를 하지 않음.

2. 떠오른 생각(평가, 판단 등)
- 다른 아이들은 발표도 잘하는데 왜 안 하지?
- 발표하면 좋을 텐데. 부끄럽나?
- 평소 수업 시간에도 발표를 한 번도 안 하는 것 아냐?
- 저렇게 소극적이어서 어떻게 하지.
- 선생님은 발표할 기회를 줘서 발표력을 키워줘야지.

3. 위의 생각을 느낌과 욕구로 전환하기
1) 생각 1: 다른 아이들은 발표도 잘하는데 왜 안 하지
   * 느낌: 아쉬운, 속상한, 걱정되는, 안타까운
   * 욕구: 자기표현, 자신감, 참여, 확인
   * 생각을 느낌과 욕구로 전환하여 표현하기: 나는 딸이 자신 있게 자기표현을 하며 수업에 참여하는 걸 보고 싶어 아쉽고 안타까웠구나.

2) 생각 2: 선생님은 학생들의 발표력을 키워줘야지
   * 느낌: 섭섭한, 실망스러운, 서운한
   * 욕구: 관심, 도움, 중요하게 여겨짐

   * 생각을 느낌과 욕구로 전환하여 표현하기: 나는 딸이 수업에 참여하는 데 선생님의 관심과 도움이 필요해서 섭섭하고 서운했구나.

4. 이 일로 새롭게 알게 된 것이나 배움

내가 원하는 방식대로 딸이 행동해야 한다는 생각에 사로잡혀 수업에 참여하는 방식이 꼭 발표만은 아닐 텐데 발표하지 않는 딸을 보며 원망하고 있었구나. 딸은 수업 시간 내내 선생님의 말씀을 잘 듣고 있었고, 친구들이 발표할 때는 그 친구를 바라보며 박수를 보냈다. 교과서에 제시된 질문을 보고 공책에 답을 적었고, 친구가 옆에서 지우개를 빌려달라고 할 때 지우개를 건네주는 모습도 봤다. 딸은 딸의 방식으로 수업에 참여하고 있었는데 한 시간 내내 발표하지 않는 딸을 보며 내 방식에만 집착하다 많은 것을 놓치고 속상해했구나.

내 방식만 고집하는 것은 아이를 온전히 바라보는 데 방해가 되었다. 상대를 있는 그대로 바라보며 내 안의 집착을 내려놓을 때 아이와 진정으로 연결되고 내 안의 사랑과 평화가 온다는 것을 깨닫는다.

5. 부탁(자신에게/상대에게/제3자나 공동체에게)

자신에게: 딸에게 수업 시간에 선생님 말씀 귀 기울여 듣고 공책에 수업 내용을 정리하는 모습 보면서 학교 공부에 흥미를 느끼는 것 같아 안심되고 고맙다고 표현한다.

6. 감사

건강한 모습으로 엄마 곁에서 재잘재잘 말을 걸어오고 친구들과 잘 지내주는 딸에게 감사함.

2. 갈등전환 연습서클

갈등전환 연습서클은 회복적 서클로 갈등을 다루려는 서로에게 격려와 지지를 보내고, 모의훈련을 통해 회복적 서클 진행 과정을 익히기 위한 모임이다. 가정이나 학교 등 갈등이 일어난 현장에서 회복적 서클의 진행자 역할을 수행하기 위해 연습한다.

회복적 서클 진행자는 사전-본-사후서클로 이어지는 서클의 전체 흐름과 절차, 각 서클마다 제시하는 질문과 대화방식을 파악해야 한다. 참여자들이 안전하게 서로의 말이 전달되도록 하는 대화 규칙도 안내한다. 그리고 당사자들 사이에 오고 간 말의 핵심 내용을 기억하며 반영하거나 다시 질문으로 참여자들에게 돌려주기도 한다.

그러기 위해서 진행자에게 가장 필요한 역량은 경청이다. 갈등 당사자들이 말하는 내용을 있는 그대로 들을 수 있어야 하고, 표현되는 말 너머에 들어있는 진심을 들여 다 볼 수도 있어야 한다. 무엇보다 당사자들의 대화가 오고 가는 순간 자기 생각에 빠지거나 당사자들을 판단하여 한쪽 입장에 서서 대화의 흐름을 몰고 가서는 안 된다. 중립적인 태도로 오직 갈등 당사자들의 대화가 안전하게 오갈 수 있게 경청하며 집중하는 것이 중요하다.

그리고 회복적 서클 진행자에게 중요한 훈련은 갈등을 다룰 힘이 바로 갈등 당사자들에게 있다는 것을 신뢰하는 것이다. 이것에 대한 믿음이 흔들리면 진행자가 조언이나 충고를 하며 해결 방법을 제시하거나, 어느 한쪽의 책임으로 돌려 빨리 대화를 마무리하려고 한다. 그렇게 되면 여전히 상호이해를 통한 자기책임은 이루어지지 않고 본인들이 정한 이행동의가 아니기 때문에 진정한 관계 회복도 어렵게 된다.

특히 교사가 진행자로 회복적 서클을 학교 현장에 적용하려 할 때 요구되는 것은 '내가 왜 이 방식으로 갈등을 다루려고 하는가?'를 자신에게 끊임없이 묻는 것이다. 회복적 서클을 진행하는 동안에도 당사자들에 대한 불신이 생길 때마다 묻고 또 물어야 한다.

연습모임에서는 실제 자신과 주변에서 일어난 갈등 사례를 꺼내 경청 훈련에서부터 사전-본-사후서클까지 모의훈련을 진행한다. 비록 모의훈련이지만 실제 갈등 사례를 다루며 참여자들이 갈등 당사자가 되어서 하는 역할극은 훈련에 몰입하게 하고 연습 후에 느끼는 배움이나 깨달음도 풍성하다.

그리고 실제 자신의 갈등 사례를 꺼내놓은 참여자들은 자신과 상대가 원했던 것을 찾으며 스스로 갈등의 실마리를 찾기도 한다. 참여자 중 중학교 학생생활부장 업무를 맡은 남교사가 자신과 A 여학생과의 갈등 사례를 내놓았다.

그 교사는 학교에서 한 여학생과 4명의 여학생 간의 갈등이 발생해 4명의 여학생을 학생부실로 불러 있었던 일을 충분히 들었고, 대화를 마무리하는 과정에서 이제까지의 내용을 종이에 적으라고 했다. 그런데 그중 A 여학생이 자신이 무슨 잘못을 했냐고 언성을 높이며 쓰지 않겠다고 따져 물었다는 것이다. 여학생의 반응에 짐짓 놀라며 꼭 쓰지는 않아도 된다고 하고 돌려보냈다고 했다.

이 사례로 학생생활부장과 A 여학생을 갈등 당사자로 설정하고 본서클 모의훈련에 들어갔다. 진행자의 대화 규칙 설명으로 회복적 서클이 시작되었다. 남교사 자신은 가피해 사실을 떠나 중립적으로 A 여학생의 이야기를 들어줬고, 말로 오고 간 내용을 단지 종이에 쓰라고 했을 뿐인데 학생이 그런 반응을 보여 놀랐다고 했다. 학생은 앞으로 친구가 오해할 만한 행동은 하지 않겠다고 약속했는데 왜 학생부실에서 학교폭력 반성문을 써야 하냐며 자기는 가해학생이 아니라고 했다.

본서클 연습을 마친 후 교사는 자신이 회복적 서클 진행자의 관점과 태도로 학생과 이야기했지만, 그때 아이 앞에 서 있는 사람은 서클 진행자가 아니라 학교폭력사안을 담당하는 학생생활부장이었구나 하는 사실을 알게 되었다고 했다. 아이의 그런 반응이 이해되고 자신이 취했던 행동에 대해 다시금 돌아보게 되었다고 했다.

서클 연습에서는 가정이나 학교에서 회복적 서클을 진행한 경험을 생생하게 들려주기도 하는데 그때의 아쉬운 점, 궁금한 점, 깨달은 점 등을 함께 나누며 그 경험에 축하와 응원을 보낸다.

회복적 서클에 실패는 없다. 회복적 서클을 진행했는데 갈등이 원만히 풀리지 않거나 친한 관계로 돌아가지 못하면 실패로 여기기 쉽다. 그러나 갈등 당사자들이 자신들의 갈등을 스스로 다루려고 대화를 시도한 것, 자신의 마음과 원했던 것을 상대에게 표현하고 상대가 들었다는 것, 갈등을 회피하지 않고 직면해서 상대와 한자리에 앉은 것만도 그 결과를 떠나 과정이 충분히 의미 있는 성공이라고 말하고 싶다.

회복적 서클 진행 경험이 만족스럽지 않아 힘이 빠지거나 이 방식으로 내가 계속 갈등을 다룰 수 있을까 하는 의구심이 들 때도 연습모임에 참여하면 한 번 더 도전할 용기가 나고 동료들에게 지지를 받는다.

갈등전환 연습서클 진행 1 (경청 훈련)

<서클 준비>

1. **목적**: 경청의 중요성을 알고, 훈련을 통해 익힌다.

2. **자리 배치 및 준비물**: 좌석 동그랗게 배치, 센터피스, 토킹스틱, 종

<서클 활동>

3. **침묵으로 초대하기**: 종소리에 맞춰 잠시 침묵하는 시간을 갖겠습니다.

4. **체크인**: 오늘 기분은 어떤가요? 한 주간 감사한 일이 있나요?

5. **우리들의 약속 확인하기**: 상대의 이야기 끝까지 들어주기, 비밀보호 등

6. **2명씩 짝지어 경청 훈련하기**

   1) 침묵으로 듣기

      - A는 말하기 주제에 따라 말하고 B는 끝까지 침묵으로 듣는다.

      (각 2분씩 역할 바꿔서 하기)

      예) 말하기 주제: 어린 시절 즐겨하던 놀이를 이야기해 주세요.

   2) 요약하여 반영하기

      - A는 말하기 주제에 따라 2분간 말하고, B는 A가 한 말을 1분간 그대로 요약하여 반영한다. (역할 바꿔서 하기)

      - 요약하여 반영할 때는 자기 생각이나 판단을 넣지 않고 A가 말한 내용을 그대로 요약하여 반복한다.

      예) 말하기 주제: 학창 시절 기억에 남는 선생님에 대해 이야기해 주세요.

   3) 느낌과 욕구 추측하여 공감하기

      - A는 말하기 주제에 따라 2분간 말하고 B는 A가 한 말을 1분간 그대로 요약하여 반영하고 느낌과 욕구도 추측하여 공감한다. (역할 바꿔서 하기)

(B는 A의 말이 끝난 후 "~를 느끼나요? ~가 필요(중요)하기 때문인가요?" 등 공감적 경청을 한다.)

예) 말하기 주제: 직장생활 중 기억에 남는 동료에 대해 이야기해 주세요.

7. 전체 서클로 모여 나눔질문으로 연결하기

- 나눔질문1 · 말하기 주제에 따라 자신의 경험을 말할 때 어떠했나요?
- 나눔질문2 · 상대의 말을 침묵이나 요약 반영하기, 느낌과 욕구로 공감하기 등으로 들어주었을 때 각각 어떠했나요?
- 나눔질문3 · 상대가 나의 말에 대해 침묵, 요약 반영하기, 느낌과 욕구로 공감해서 들어줄 때 어떠했나요?
- 나눔질문4 · 말하고 듣는 경험을 통해 자신에 대해 알아차리거나 깨달은 점, 혹은 어려운 점 등이 있나요?

8. 체크아웃: 활동을 하고 나서 지금 어떤가요?

갈등전환 연습서클 진행 2 (회복적 서클 - 사전서클)

<서클 준비>

1. **목적**: 회복적 서클 진행자가 갈등 당사자를 각각 만나 갈등 상황에 대한 진술을 듣고 공감하며, 회복적 서클 전체 진행 과정을 안내하고 이후 대화모임에 참여할 의사와 초대되어야 할 사람을 확인하는 사전서클 모의훈련을 익힌다.

2. **자리 배치 및 준비물**: 좌석 동그랗게 배치, 센터피스, 토킹스틱, 회복적 서클-사전서클 진행지, 종

<서클 활동>

3. **침묵으로 초대하기**: 종소리에 맞춰 잠시 침묵하는 시간을 갖겠습니다.

4. **체크인**: 오늘 기분은 어떤가요? 요즘 내 몸을 돌보기 위해 하고 있는 것은 무엇인가요?

5. **우리들의 약속 확인하기**: 상대의 이야기 끝까지 들어주기, 비밀보호 등

6. **전체 나눔질문으로 연결하기**

   · 나눔질문 1 · 회복적 서클과 관련한 어떤 경험이 있다면 들려주시겠어요?

   · 나눔질문 2 · 오늘 모의훈련으로 다루고 싶은 갈등 사례가 있다면 들려주시겠어요?

* 6번의 나눔질문 2에서 나온 사례 중에 모의훈련 사례를 1가지 선택한다.

7. **선택한 사례로 사전서클 모의훈련을 2명씩 짝지어 활동하기**

   (A는 진행자, B는 갈등 당사자 중 한 명의 역할)

   1) A가 먼저 회복적 서클 진행자가 되고 B는 갈등 당사자가 된다.

   2) A는 다음 질문에 따라 사전서클을 진행하고, B는 자신의 갈등 상황에 대해 진술한다. 〈진행자는 사전서클 진행지 참고〉

   <u>질문1</u>: 상황에 대해 구체적으로 (언제, 어디서 등) 이야기해 주시겠어요?

질문2: 당신이 듣거나 경험한 말(행동)은 ~인가요? 이 말(행동)이 가장 이 일에서 상징적(ACT)인가요?

질문3: 이 말이나 행동(ACT)이 당신에게 어떤 의미가 있나요?

질문4: 대화모임을 진행하고자 하는 것이 당신에게 어떤 의미가 있나요? 대화모임을 통해 바라는 것은 무엇인가요?

질문5: 회복적 서클 진행 절차와 초대할 명단을 확인할게요. 대화모임에 초대할 사람은 누구인가요? 대화모임 진행을 원하시나요?

질문6: 사전서클을 마친 지금은 어떤가요?

* 진행자 A는 B가 진술하는 동안 "B는 ~를 느끼나요? ~가 필요(중요)하기 때문인가요?" 등 공감적 경청을 반복하며 듣는다.

3) 역할을 바꿔 활동을 이어나간다.

8. 전체 서클로 모여 나눔질문으로 연결하기

- 나눔질문1 · 사전서클 진행자 경험이 어떠셨나요?
- 나눔질문2 · 갈등 당사자로서 사전서클 경험이 어떠셨나요?
- 나눔질문3 · 사전서클 모의훈련을 통해 새롭게 알게 된 것이나 중요하게 다가오는 것, 또는 어떤 어려움이 있으셨나요?

9. 체크아웃: 활동을 하고 나서 지금 어떤가요?

〈회복적 서클 – 사전서클 진행지〉[9]

안녕하세요. 반갑습니다. 저는 대화모임 진행자 ○○○입니다. 호칭은 어떻게 부르면 될까요? 이 시간은 일어난 일에 대해 듣고, 회복적 대화모임 진행에 대한 의미와 절차, 대화방식 등을 안내하는 자리가 될 것입니다.

1. 갈등행위(ACT) 확인하기 (갈등을 상징하는 구체적인 말과 행동)
- 회복적 대화모임에서 다루고 싶은 '말'이나 '행동'은 무엇인가요?
- 상황에 대해 구체적으로(언제, 어디서 등) 이야기해 주시겠어요?
- ○○님이 듣거나 경험한 말(행동)은 ~인가요? 이 말(행동)이 이 일에서 가장 상징적(ACT)인가요?

2. 갈등행위(ACT) 의미 이해하기(진정한 의미와 욕구에 연결)
- 이 말이나 행동(ACT)이 당신에게 어떤 의미가 있나요?
- 이 과정을 진행하고자 하는 것이 당신에게 어떤 의미가 있나요? 대화 모임을 통해 바라는 것은 무엇인가요?
- ○○님은 ~를 느끼나요? ~가 필요(중요)하기 때문인가요? (공감적 경청 반복)

3. 진행 절차 안내 및 참가 동의와 초대 명단 확인하기 (아래 자료 참고)
- (참가 동의 확인) ~한 과정으로 진행됩니다. 대화모임 진행을 원하시나요?
- (초대 명단 확인) 대화모임에 초대할 사람은 누구인가요?
- (갈등행위(ACT) 다시 확인) '~한 말과 행동'으로 초대해도 될까요?
- (참가 동의 재확인) 이런 방식으로 계속 대화모임이 진행되기를 바라나요?

---
9) 비폭력평화물결, 회복적 서클 입문 과정 워크숍 자료집. 비폭력평화물결, 2011.

☞ 3번 진행 절차 및 참가 동의와 초대 명단 확인하기 안내

(참가 동의 확인) "지금까지 이야기 나눠줘서 고맙습니다. 앞으로의 대화 모임 진행 과정을 안내해 드리겠습니다. 잠시 후에 이 대화모임(본서클)에 누가 올 필요가 있는지 질문을 하고 그분들을 제가 직접 만나거나 전화를 해서 OO님(신청자)과 지금 이야기 나눈 방식처럼 이야기할 것입니다. 초대한 사람들과도 무슨 일이 일어났는지, 그 일이 각자에게 어떤 영향을 미쳤는지 진심으로 원하는 것이 무엇인지 대화할 것입니다. 그 후 그분들에게 대화모임에 응할 것인지 확인할 겁니다. 만약 초대된 사람이 대화모임에 못 오면 협력 진행자가 대리인으로 참석해서 대화모임이 진행될 수 있도록 도울 것입니다.(대리인 동의 확인)

　대화모임(본서클)은 평소와는 다른 대화방식을 사용합니다. 참가자 모두는 서로의 이야기가 충분히 들려지도록 진행자가 요청하면 동의하든 동의하지 않든 상대가 한 말을 들은 대로 되돌려 이야기합니다. 그리고 서로 실천할 수 있는 약속을 정하게 됩니다. 본서클 이후 그 약속들이 잘 이행되었는지 등을 확인하는 사후서클 자리가 한 번 더 있을 겁니다. 지금까지 진행 절차와 대화 방식을 안내했습니다. 혹시 궁금한 것이 있으신가요? 여기까지 듣고 이후 대화모임(본서클) 진행을 원하시나요?

(초대 명단 확인) 그러면 누가 대화 모임에 초대될 필요가 있을까요?

(다시 ACT 확인) '~한 말과 행동(갈등행위(ACT))'으로 이분들을 초대해도 될까요?

(참가 동의 재확인) 여기까지 들으시고 계속 대화모임이 진행되기를 원하시나요?

　다시 한번 대화모임을 찾아주셔서 감사합니다. 진행자로서 대화모임 요청자를 비롯한 모든 참여자의 이야기가 서로 잘 들려지도록 노력하겠습니다. 그리고 중립자로서 사생활 비밀보호도 약속드립니다. 지금까지 이야기하고 나니 어떠신가요? (어떤 느낌이 드시나요?)(공감하기)

　대화모임의 시간과 장소는 다시 연락드리겠습니다. 시간 내 주셔서 감사합니다."(마무리)

갈등전환 연습서클 진행 3 (회복적 서클 - 본서클)

<서클 준비>

1. 목적: 회복적 서클 진행자와 갈등 당사자들이 동그랗게 앉아 서로를 이해하고 원하는 것을 진심으로 듣고 표현하며 실천 약속을 정하는 본서클 진행 방식을 익힌다.

2. 자리 배치 및 준비물: 좌석 동그랗게 배치, 센터피스, 토킹스틱, 회복적서클-본서클 진행지, 종

<서클 활동>

3. 침묵으로 초대하기: 종소리에 맞춰 잠시 침묵하는 시간을 갖겠습니다.

4. 체크인: 오늘 기분은 어떤가요? 최근 나에게 일어난 작은 변화는 무엇인가요?

5. 우리들의 약속 확인하기: 상대의 이야기 끝까지 들어주기, 비밀보호 등

6. 전체 나눔질문으로 연결하기

    · 나눔질문1 · 회복적 서클과 관련한 경험이 있다면 들려주시겠어요?

    · 나눔질문2 · 오늘 모의훈련으로 다루고 싶은 갈등 사례가 있다면 들려주시겠어요?

* 6번의 나눔질문 2에서 나온 사례 중에 본서클 모의훈련 사례를 1가지 선택한다.

7. 선택한 사례로 본서클 모의훈련을 3명씩(또는 그 이상) 모여 활동하기

    (A는 진행자, B와 C는 각각 갈등 당사자 역할)

    1) A가 먼저 회복적 서클 진행자가 되고 B, C는 갈등 당사자가 된다.

    2) A는 다음 질문에 따라 본서클을 진행하고, B와 C는 질문의 흐름대로 자신의 진심을 표현한다. 〈진행자는 본서클 진행지 참고〉

        질문1: 그 일이 일어난 후 여러분 각자는 지금 어떤 심정인가요? 누가 무엇을 알아주었으면 하나요?

질문2: 그 일이 있었을 때 자신이 진심으로 원하던 것은 무엇인가요? 누가 무엇을 알아주었으면 하나요?

질문3: 앞으로 어떤 일이 일어나기를 바라나요? 어떤 관계로 지내기를 바라나요?

질문4: 바라는 일들을 이루기 위해 내가 할 수 있는 것은 무엇인가요? 누군가에게 부탁하고 싶은 것은 무엇인가요?

질문5: 이행 동의한 내용을 확인하고 서명해주시겠어요?

질문6: 본서클을 마치고 나니 어떤가요?

3) 역할을 바꿔 활동을 이어나간다.

8. 전체 서클로 모여 나눔질문으로 연결하기

· 나눔질문1 · 본서클 진행자 경험이 어떠셨나요?

· 나눔질문2 · 갈등 당사자로서 본서클의 경험이 어떠셨나요?

· 나눔질문3 · 본서클 모의훈련을 통해 새롭게 알게 된 것이나 중요하게 다가오는 것, 또는 어떤 어려움이 있으셨나요?

9. 체크아웃: 활동을 하고 나서 지금 어떤가요?

〈회복적 서클 - 본서클 진행지〉[10]

안녕하세요. 저는 대화모임 진행자 ○○○입니다.

이 시간은 지난번 있었던 일과 관련해 지금 마음이 어떤지, 서로 원하는 것이 무엇이 었는지에 대해 함께 이야기 나누는 자리입니다. 모두에게 충분히 이야기하고 듣는 기회가 골고루 주어질 겁니다.

진행자는 중립적인 입장에서 해결자가 아닌 대화를 돕는 연결자 역할입니다. 안전하게 대화가 오고 가기 위해서 우리가 지켜야 할 규칙이 있습니다.

1. 모두에게 이야기할 기회가 주어지므로 한 번에 한 사람씩 말하고, 한 명이 말하는 동안 다른 사람은 끝까지 듣습니다.
2. 이 대화모임은 한 사람이 말하면 상대방은 무엇을 들었는지 들은 대로 다시 말해 주는 방식으로 진행됩니다. 상대가 하는 말의 내용에 동의하지 않더라도 들은 대로 말씀해주시기 바랍니다. 서로의 이야기가 충분히 전달되도록 돕기 위한 방식입니다.
3. 자신의 진심을 솔직하게 표현하고 상대방의 진심에도 귀 기울여 듣습니다.
4. 이 모임에서 주고받는 이야기는 이 자리를 떠나서 이야기하지 않고 비밀로 지킵니다.
5. 기타 필요한 대화규칙 확인하기

모두 동의하십니까?

1. 상호이해 (각자가 발생한 일로 인해 겪는 어려움과 피해에 대해 말하고 들음)
"그 일로 인해 지금 마음이 어떤지 누가 무엇을 알아주기를 바라나요?"

---
[10] 비폭력평화물결, 회복적 서클 입문 과정 워크숍 자료집. 비폭력평화물결, 2011.

- A(B)에게 : "무엇을 들으셨나요?"
- B(A)에게 : "그것이 맞나요?"
　　　　　　 "더 하고 싶은 이야기가 있나요?"

2. 자기책임 (각자가 갈등의 상황에서 선택했던 행동의 진정한 의도를 말하고 들음)

"그 일이 있었을 때 진심으로 원했던 것이 무엇인지 누가 무엇을 알아주기를 바라나요?"

- A(B)에게 : "무엇을 들으셨나요?"
- B(A)에게 : "그것이 맞나요?"
　　　　　　 "더 하고 싶은 이야기가 있나요?"

3. 이행동의 (앞으로 바람과 약속 정하기)

① 앞으로 어떤 관계가 되길 기대하나요?"

　(무엇을 들으셨나요? / 맞나요? _ 생략 가능)

　앞으로 어떻게 되기를 기대하나요?"

② 우리가 기대하는 것을 실현하기 위해 자신이 할 수 있는 것은 무엇인가요?

③ 우리가 기대하는 것을 실현하기 위해 상대에게 요청(제안)하고 싶은 것은 무엇인가요?

④ 구체적으로 실행 가능한 제안을 해줄 수 있을까요?

⑤ 추가로 더 논의할 것이 있을까요? 그럼 제가 정리를 해 보겠습니다.

⑥ 합의문을 작성하겠습니다.

갈등전환 연습서클 진행 4 (회복적 서클 - 사후서클)

<서클 준비>

1. **목적**: 본서클에서 이행하기로 약속된 사항이 어느 정도 실천되었는지를 확인하고 실천된 것을 축하하고 약속을 보완하기 위한 사후서클 진행 방식을 익힌다.

2. **자리 배치 및 준비물**: 좌석 동그랗게 배치, 센터피스, 토킹스틱, 회복적 서클-사후서클 진행지, 종

<서클 활동>

3. **침묵으로 초대하기**: 종소리에 맞춰 잠시 침묵하는 시간을 갖겠습니다.

4. **체크인**: 오늘 기분은 어떤가요? 최근에 크게 웃은 경험은 언제인가요?

5. **우리들의 약속 확인하기**: 상대의 이야기 끝까지 들어주기, 비밀보호 등

6. **전체 나눔질문으로 연결하기**

   · 나눔질문1 · 회복적 서클과 관련한 경험이 있다면 들려주시겠어요? 혹은 본서클 이행 합의문 작성 사례가 있으신가요?

   · 나눔질문2 · 오늘 모임에서 모의훈련으로 다루고 싶은 갈등 사례가 있다면 들려주시겠어요?

* 6번의 나눔질문 2에서 나온 사례 중에 사후서클 모의훈련 사례를 1가지 선택한다.

7. **선택한 사례로 사후서클 모의훈련을 3명씩(또는 그 이상) 모여 활동하기**

   (A는 진행자, B와 C는 각각 갈등 당사자 역할)

   1) A가 먼저 회복적 서클 진행자가 되고 B, C는 갈등 당사자가 된다.

   2) A는 다음 질문에 따라 사후서클을 진행하고, B와 C는 질문의 흐름대로 자신의 진심을 표현한다. 〈진행자는 사후서클 진행지 참고〉

질문1: 약속된 행동과 그 결과에 관련하여 당신이 지금 어떠한지 누가 무엇을 알아주었으면 하시나요?

질문2: 대화모임에서 동의한 약속과 관련해 같이 축하하고 싶은 것이 있나요? 누가 무엇을 알아주었으면 하나요?

질문3: 동의한 약속의 지속 여부와 추가 제안할 사항이 있는지 확인할까요?

질문4: 끝으로 이 대화모임을 하고 난 후 지금 느낌이나 소감이 어떠신가요?

3) 역할을 바꿔 활동을 이어나간다.

8. 전체 서클로 모여 나눔질문으로 연결하기

· 나눔질문1 · 사후서클 진행자 경험이 어떠셨나요?

· 나눔질문2 · 갈등 당사자로서 사후서클의 경험이 어떠셨나요?

· 나눔질문3 · 사후서클 모의훈련을 통해 새롭게 알게 된 것이나 중요하게 다가오는 것, 또는 어떤 어려움이 있으셨나요?

9. 체크아웃: 활동을 하고 나서 지금 어떤가요?

⟨회복적서클 - 사후서클 진행지⟩[11]

"안녕하세요, 잘 지내셨나요? 대화모임 진행자 ○○○입니다.

오늘은 지난 대화모임(본서클)에서 서로 동의한 약속에 대해 그 실천 결과를 확인하는 자리입니다. 그동안 어떤 것이 이루어졌고, 축하할 것과 격려할 것은 무엇이 있는지, 더 제안하고 싶은 것이 있는지를 이야기 나눌 겁니다.

저는 역시 중립적인 입장에서 여러분들의 이야기가 서로 잘 들려질 수 있도록 대화를 돕는 도우미 역할을 할 것입니다. 본서클에서 지켜졌던 기본 규칙들은 이번 사후서클에도 똑같이 적용됩니다. 중요한 규칙들은 다음과 같습니다. <본서클 기본 규칙 참조>

1. 이행 결과에 대한 만족도 확인하기(동의된 행동과 실천한 결과에 대한 소감 나누기)

"약속된 행동과 그 결과에 관련하여 당신이 지금 어떠한지 누가 무엇을 알아주었으면 하시나요?"

"무엇을 들으셨나요?"

"그것이 맞나요?"/ "더 이야기하고 싶은 것이 있나요?"

2. 이루어진 것을 축하하기 (약속된 항마다 확인할 수도 있음)

"대화모임에서 동의한 약속과 관련해 같이 축하하고 싶은 것이 있나요? 누가 무엇을 알아주었으면 하나요?"

"무엇을 들으셨나요? / 맞나요?"

"동의한 약속은 아니었지만, 그 외 실천과정에서 나온 또 다른 축하할 것들이 있나요?"

---

11) 비폭력평화물결, 회복적 서클 입문 과정 워크숍 자료집. 비폭력평화물결, 2011.

3. 추가로 이행 동의 기획하기 (제안이나 아쉬움이 있으면 본서클 이행 동의 과정대로 진행)

"동의한 약속의 지속 여부에 대한 의견을 나누겠습니다." (지속할 것인지, 파기할 것인지 확인)

"추가 제안할 것이 있나요?

4. 회복적 서클에 대한 소감과 감사 표현하기

"이야기 나눠주셔서 감사합니다. 끝으로 이 대화모임을 하고 난 후 지금 느낌이나 소감이 어떠신가요?"

회복적 서클 전 과정 진행 예시 (가상 시나리오)

다음은 회복적 서클의 사전서클-본서클-사후서클의 진행 과정과 흐름을 알기 쉽게 보여주기 위해 시나리오 형식으로 표현한 가상의 사례이다.

<회복적 서클 갈등 사례>

> 중학교 1학년 국어 수업 시간에 민수가 선생님의 질문에 대답을 못 하자 짝꿍 순이가 '바보'라고 했다. 그 말을 듣고 반 아이들이 모두 웃었다. 민수는 그 뒤로 짝꿍 순이가 말을 걸어도 대답을 하지 않았다. 답답한 순이가 담임선생님을 찾아와 대화모임을 신청하여 회복적 서클이 열렸다.

· 순이와의 사전서클

> **담임교사**: 어떤 일이 있었니? 일어난 일을 구체적으로 말해 줄래?
> **순이**: 이틀 전 국어 수업 시간에 민수가 선생님 질문에 대답을 못 해서 제가 '바보'라고 했어요. 애들이 제 말을 들었는지 아이들도 모두 웃었어요. 그런데 그 뒤로 민수가 저랑 얘기를 안 해요.
> **담임교사**: 그런 일이 있었구나. 민수가 말을 안 하니 답답하니? (공감적 경청)
> **순이**: 네. 답답해요. 그렇게 기분 상하게 한 것도 아닌데 저랑 말을 안 해요.
> **담임교사**: 그 말에 민수가 순이와 말을 하지 않을 거라고는 생각을 못 한 거구나.
>   (공감적 경청)
> **순이**: 네. 민수가 수업 내용을 물어볼 때 그것도 모르냐며 가끔 바보라는 소리를 했어요. 그때는 아무렇지도 않게 웃고 넘겼으면서 이번엔 말까지 안 하고, 물어봐도

대답도 안 해요.

담임교사: 그전에는 그냥 웃어넘겼던 말인데 이번에는 물어도 대답을 안 하니 답답하고 신경 쓰이겠네. (공감적 경청)

순이: 네. 답답하고 신경이 쓰여요.

담임교사: 민수가 어떤 마음인지 알고 싶니? (공감적 경청)

순이: 네. 여러 번 물어도 말을 하지 않고. 무엇 때문에 그러는지 알고도 싶어요.

담임교사: 민수가 어떤 것이 중요해서 말을 하지 않는지도 알고 싶다는 거구나. (공감적 경청)

순이: 네.

담임교사: 순이가 민수와 얘기를 할 수 있게 선생님 도움이 필요하니? (공감적 경청)

순이: 네. 선생님이 도와주세요.

담임교사: 그럼, 이틀 전 국어 수업 시간에 민수가 선생님 질문에 대답을 못 해 순이가 '바보'라고 했고, 그 이후 민수가 순이와 말을 하지 않은 것에 대해 민수와 이야기하고 싶은 거야? (ACT 확인하기)

순이: 네.

담임교사: 민수와 만나서 이 이야기를 하는 게 순이에게는 어떤 의미가 있니? (대화 의미 확인하기)

순이: 이유를 알게 되면 답답함이 풀릴 것 같아요. 그리고 전처럼 친하게 지내고 싶어요.

담임교사: 그럼 대화모임 진행 과정을 안내해줄게.

순이: 네.

진행자: 선생님이 방금 순이와 이야기한 방식으로 민수와도 이야기할 거야. 순이가 민수를 대화모임에 초대했는데 초대에 응할 생각이 있는지 확인하는 과정을 밟을 거야.

순이: 네.

담임교사: 대화모임은 평소와는 좀 다른 방식으로 말이 오고 갈 거야. 서로의 이야기가 충분히 들려지도록 선생님이 요청하면 동의하든 동의하지 않든 상대가 한 말을 들은

대로 똑같이 반복해주는 방식으로 진행돼. 그리고 각자 충분히 이야기할 기회를 가질 거야. 그런 다음 서로 실천할 수 있는 약속도 정할 거야. 대화모임 이후에 그 약속들이 잘 지켜졌는지 등을 확인하는 사후 모임도 한 번 더 있을 거고. 혹시 대화모임 진행 과정에 대해 궁금한 것이 있니? (진행 절차 안내)

순이: 혹시 민수가 대화모임에 나오지 않겠다고 하면 어떻게 해요?

담임교사: 민수가 초대에 응하지 않으면 대화모임은 이루어지지 않아.

순이: 네.

담임교사: 대화모임을 이 방식으로 진행해도 되겠니? 민수가 초대에 응한다면 함께 만날 시간은 다시 연락해줄게. (참가 동의 확인)

순이: 네.

담임교사: 이야기를 하고 나니 좀 어떠니?

순이: 혼자 답답했는데 선생님께 도움을 청하니 한결 편해졌어요. 민수가 대화에 응하면 좋겠어요.

담임교사: 그래, 선생님도 순이가 와 줘서 고마워.

담임교사가 민수와 사전서클을 진행했고, 민수가 순이의 초대에 응하여 본서클이 다음과 같이 이루어졌다.

· **본서클**

담임교사: 이 시간은 지난번 있었던 일과 관련해 마음이 어떤지, 서로 원하는 것이 무엇인지 함께 이야기 나누는 자리예요. 선생님은 중립적인 입장에서 해결자가 아닌 대화를 돕는 도우미 역할을 할 거예요. 대화가 잘 진행되기 위해서 우리가 지켜야 할 규칙이 있어요.

1. 모두에게 이야기할 기회가 충분히 주어집니다. 한 번에 한 사람씩 말하고, 한 명

이 말하는 동안 다른 사람은 끝까지 듣습니다.
2. 이 대화모임은 한 사람이 말하면 상대방은 들은 것을 다시 그대로 반복해 말해 주는 방식으로 진행됩니다. 상대가 하는 말의 내용에 동의하지 않더라도 들은 대로 말해 주기를 바랍니다. 서로의 이야기가 충분히 전달되도록 돕기 위한 방식입니다.
3. 자신의 진심을 솔직하게 표현하고 상대방의 진심에도 귀 기울여 듣습니다.
4. 이 모임에서 주고받는 이야기는 이 자리를 떠나서 이야기하지 않고 비밀로 지킵니다.
5. 기타

모두 동의하나요?

민수, 순이: 네.

〈상호이해 단계〉

교사: 그 일로 지금 마음(심정)이 어떤지 누가 무엇을 알아주길 바라나요?

민수: 저부터 이야기할게요. 이틀 전 국어 수업 시간에 선생님 질문에 제가 답을 못했는데 순이가 크게 바보라고 해서 아이들이 웃었어요. 창피하고 지금도 기분이 나빠요.

교사: (순이에게) 무엇을 들었나요?

순이: 크게 바보라고 해서 아이들이 웃었다고 했고, 창피하고 기분이 나쁘다고 했어요.

교사: (민수에게) 그것이 맞나요?

민수: 네.

교사: (민수에게) 더 하고 싶은 이야기가 있나요?

민수: 대답 못 한 것도 부끄럽고 창피한데 선생님이랑 아이들 다 들리게 바보라고 해서 더 창피했어요. 그렇게 말한 순이에게 화가 나요.

교사: (순이에게) 무엇을 들었나요?

순이: 대답 못 한 것도 창피한데 다 들리게 말해서 더 창피했고. 그렇게 말해서 화가 난다고요.

교사: (민수에게) 그것이 맞나요?

민수: 네.

교사: (민수에게) 더 하고 싶은 이야기가 있나요?

민수: 아니요.

교사: 그때 일로 지금 마음이 어떤지 누가 무엇을 알아주길 바라나요?

순이: 제가 말할게요. 그전에는 바보라고 해도 웃고 넘겼으면서 이번엔 며칠씩 말도 안하고 답답하고 짜증이 나요.

교사: (민수에게) 무엇을 들었나요?

민수: 전에는 바보라고 해도 웃고 넘겼으면서 이번엔 말을 안 해서 답답하고 짜증이 난다고요.

교사: (순이에게) 그것이 맞나요?

순이: 네.

교사: (순이에게) 더 하고 싶은 말이 있나요?

순이: 수업 시간에 그 말을 했을 때 아이들이 그렇게 웃을지 몰랐어요. 그냥 쉬운 질문에 답을 못하길래 무심코 나온 말인데.

교사: (민수에게) 무엇을 들었나요?

민수: 쉬운 질문에 답을 못하길래 그냥 나온 말인데 아이들이 그렇게 웃을지 몰랐다고요.

교사: (순이에게) 그것이 맞나요?

순이: 네.

교사: (순이에게) 더 하고 싶은 말이 있나요?

순이: 아니요.

〈자기책임 단계〉

교사: 그럼 그 일이 일어났을 때 진정으로 원했던 것이 무엇인지 누가 무엇을 알아주었

으면 하나요?

민수: 저는 그때 제가 선생님 질문에 답을 못해도 순이가 저를 이해해주길 바랐어요. 친한 순이가 바보라고 놀려서 서운하고 화가 났어요. 그래서 순이랑 말하기 싫었어요.

교사: (순이에게) 무엇을 들었나요?

순이: 제가 민수가 질문에 대답을 못 해도 이해해주길 바랐다고요. 바보라고 해서 말하기 싫었다고.

교사: (민수에게) 그것이 맞나요?

민수: 네.

교사: (민수에게) 더 하고 싶은 이야기가 있나요?

민수: 예전에는 둘이 있을 때 바보라고 했는데 수업 시간에 그렇게 큰 소리로 말해서 정말 창피하고 부끄러웠어요. 저도 아이들에게 인정받고 싶어요.

교사: (순이에게) 무엇을 들었나요?

순이: 수업 시간에 크게 바보라고 말해서 부끄러웠고 아이들에게 인정받고 싶다고 했어요.

교사: (민수에게) 그것이 맞나요?

민수: 네.

교사: 더 하고 싶은 이야기가 있나요?

민수: 아니요.

교사: 그 일이 일어났을 때 진정으로 원했던 것이 무엇인지 누가 무엇을 알아주었으면 하나요?

순이: 저는 쉬운 질문에도 답을 못하길래 평소에 가끔 했던 말이라 무심코 한 말인데 민수가 저랑 말을 안 할 정도로 창피하고 화가 난 줄 몰랐어요. 그렇게 말한 거 미안해요. 사과하고 싶어요.

교사: (민수에게) 무엇을 들었나요?

민수: 말을 안 할 정도로 창피하고 화가 난 줄 몰랐다고 사과하고 싶다고 했어요.

교사: (순이에게) 그것이 맞나요?

순이: 네.

교사: (순이에게) 더 하고 싶은 말이 있나요?

순이: 그래도 민수랑 친하고 편해서 한 말인데 그렇다고 며칠씩 말도 안 하고 저도 많이 서운하고 화가 났었어요.

교사: (민수에게) 무엇을 들었나요?

민수: 친하고 편해서 한 말인데 며칠씩 말을 안 하니 서운하고 화났다고요.

교사: (순이에게) 그것이 맞나요?

순이: 네.

교사: (순이에게) 더 하고 싶은 말이 있나요?

순이: 아니요.

민수: 저도 며칠씩 말 안 한 건 잘못한 것 같아요. 그건 사과할게요.

교사: (순이에게) 무엇을 들었나요?

순이: 말 안 한 거 사과한다고 했어요.

교사: (민수에게) 그것이 맞나요?

민수: 네.

교사: (민수에게) 더 하고 싶은 이야기가 있나요?

민수: 아니요.

〈이행 동의 단계〉

교사: 그럼 앞으로 어떤 기대가 있나요? 무슨 일이 일어나길 기대하나요?

순이: 저는 둘이 전처럼 친하게 지냈으면 좋겠어요.

민수: 저도 그래요.

교사: 그럼 우리가 기대하는 것을 이루기 위해 내가 할 수 있는 것을 먼저 제안해볼까요?

순이: 저는 바보라는 말은 이제 절대 하지 않고, 민수가 모르는 것은 가르쳐줄게요.

민수: 저도 화가 나면 화난 이유를 말로 할게요.

교사: 친하게 지내기 위해 상대에게 바라는 것을 제안해볼까요?

순이: 딱히 없어요.

민수: 저도 없어요.

교사: 그럼 정리해볼게요. 순이는 바보라는 말은 앞으로 하지 않고, 민수가 모르는 것은 가르쳐준다고 했어요. 맞나요?

순이: 네.

교사: 민수도 동의하나요?

민수: 네.

교사: 민수는 앞으로 화가 나는 일이 생기면 그 이유를 말로 설명한다고 했어요. 맞나요?

민수: 네.

교사: 순이도 동의하나요?

순이: 네.

교사: 그럼 동의서에 서로 확인 사인을 하고 잘 실천이 되었는지 2주 후에 다시 모일까요?

민수, 순이: 네.

교사: 오늘 이야기를 하고 나니 좀 어떤가요?

순이: 마음이 놓이고 이제 민수랑 이야기하니 편해요.

민수: 저도 말을 안 하니 신경이 쓰였는데 편해졌어요.

· 사후서클

교사: 오늘은 지난 대화모임(본서클)에서 서로 동의한 약속에 대해 그 실천 결과를 확인하는 자리입니다. 그동안 어떤 것이 이루어졌고, 축하할 것과 격려할 것은 무엇이 있는지, 더 제안하고 싶은 것이 있는지 이야기 나눌 겁니다. 본서클에서 지켜졌던 기본 규칙들은 이번 사후서클에도 똑같이 적용됩니다. 중요한 규칙들은 다음과 같습니다. <본서클 기본 규칙 참조>

〈이행 결과 만족도 확인하기〉

교사: 서로 동의한 약속과 그 실천 결과에 대해 지금 어떠한지 누가 무엇을 알아주었으면 하나요?

민수: 순이랑 잘 지내서 만족스러워요.

순이: 저도 민수랑 편하게 잘 지냈어요.

〈이루어진 것 축하하기〉

교사: 저번 모임에서 약속한 것과 관련해 축하하고 싶은 게 있나요?

순이: 민수가 수학 문제 물어봐서 제가 가르쳐줬어요. 그리고 둘이 다툰 일은 없었어요.

교사: (민수에게) 무엇을 들었나요?

민수: 수학 문제 가르쳐줬다고요. 둘이 다툰 일은 없었다고.

교사: (순이에게) 그것이 맞나요?

순이: 네.

교사: (순이에게) 더 하고 싶은 얘기가 있나요?

순이: 아니요.

민수: 순이가 수학 문제 가르쳐준 것을 제가 또 틀렸는데 이번엔 바보라고 안 했어요.

교사: (순이에게) 무엇을 들었나요?

순이: 민수가 수학 문제 틀렸을 때 제가 바보라고 안 했다고요.

교사: (민수에게) 맞나요?

민수: 네.

교사: (민수에게) 더 하고 싶은 얘기가 있나요?

민수: 아니요.

〈추가 이행 동의 확인하기〉

교사: 동의한 약속의 지속 여부에 대한 의견을 나눌게요. 앞으로도 이 약속을 이어 갈 것인지, 약속으로 이제 가져가지 않아도 되는지 확인할게요.

민수, 순이: 계속 약속으로 가져갈게요.

교사: 추가 제안할 것이 있나요?

민수, 순이: 아니요.

〈소감과 감사 나누기〉

교사: 끝으로 이 대화모임을 하고 난 후 지금 느낌이나 소감이 어떤가요?

민수: 마음이 편해요.

순이: 전처럼 사이좋게 지내서 저는 좋아요.

교사: 이야기 나눠줘서 고마워요. 이것으로 대화모임을 마칠게요.

3. 열린질문 연습서클

열린질문 연습서클은 자신의 삶에서 중요한 선택을 위한 이슈가 있을 때 자신의 내면에서 들려오는 진심을 듣도록 돕는 정직하고 열린질문을 연습하는 모임이다.

살아가면서 가끔은 풀기 어려운 문제에 맞닥뜨릴 때가 있다. 지금 다니고 있는 직장을 그만두고 싶지만 그만둘 수 없는 이유도 수십 가지가 떠오를 때처럼 말이다.

시인 릴케는 풀리지 않는 문제를 인내를 갖고 대하고, 그 문제들 자체를 사랑하려고 노력하라고 충고한다. 궁금한 문제들을 직접 몸으로 살아보면 자신도 모르게 그 해답 속으로 들어와 살고 있음을 깨닫게 된다는 것이다.[12] 그러나 그 문제를 계속 품고 살아가기에는 너무나 고통스러워 성급한 결론을 내고 싶은 충동에 시달린다.

그럴 때 신뢰하는 동료들이 서클을 이뤄 충고나 조언 없이 오로지 깊은 경청과 열린질문으로 자신의 내면의 진실을 들여다볼 기회를 마련해 준다면 자신의 내적 진실을 마주하는 데 큰 도움이 될 것이다.

역설이란 이것 아니면 저것이 아닌 둘 다 정답일 수도 있는 삶의 수수께끼 같은 것이라고 했다. 둘 다를 끌어안으면서도 제자리에 맴돌지 않고 앞으로 나아갈 수 있는 지혜를 열린질문을 통해 안내받는다.

열린질문이란 질문하는 사람이 답을 정해놓고 던지는 질문이 아니다. 말 그대로 답이 열려있는 상태의 질문이다. 열린질문 연습서클에서는 열린질문이란 무엇인지 알아차리는 감각을 연습한다.

어떤 질문은 마음이 열려 그 질문에 답하며 계속 탐색하고 싶어진다. 그런데 어떤 질문은 마음이 닫혀 변명하거나 질문자를 비난하고 싶은 마음이 들 때도 있다. 누군가의 고민을 듣고 나서 충고 조언하지 않고 정직하고 열린질문만을 함으로써 상대가 자신의 내적 진실에 다가가게 돕는 것은 생각처럼 쉬운 일은 아니다. 우리 일상의 대화 패턴이 상대가 스스로 답을 찾아갈 수 있도록 돕기보다는 동정심 표현하기, 충고하기, 조언하

---

12) 라이너 마리아 릴케, 젊은 시인에게 보내는 편지, 김재혁 옮김, 고려대학교출판부, 2016, p40.

기, 판단하기 등에 익숙해 있기 때문이다.

파커 J. 파머는 책 [다시 집으로 가는 길]에서 정직하고 열린질문은 상대방의 탐색을 제한하는 것이 아니라 확장하며, 말하는 이의 언어보다 앞서가지 않는 것이라고 말한다. 가령 "상담치료사를 만나 보는 건 어때요?", "당신은 분노하나요?"와 같은 질문은 열린질문이 아니다. "지금 겪는 갈등과 비슷한 느낌의 경험을 과거에도 한 적이 있나요?", "과거 경험에서 무언가 배운 게 있나요?", "지금 당신이 말한 경험에 대해 어떻게 느끼나요?", "당신이 낙담했다고 말했는데 그건 무슨 의미인가요?"와 같은 질문이 열린질문이다.[13]

열린질문 연습서클에서는 서너 명이 그룹을 지어 진행한다. 한 명(중심인물)이 자기 삶의 이슈를 진술하면 나머지 사람(위원)들은 경청 후 이슈를 탐색하는 데 도움이 되는 열린질문을 두세 개 정도 만든 후 차례로 천천히 질문을 하기 시작한다.

중심인물은 질문을 받으면 바로 답하지 않고 질문이 자신의 몸과 마음에 어떤 반응을 일으키는지 먼저 살핀다. 그 후 질문에 대해 탐색하고 싶은 마음이 들면 답을 한다.

이렇게 중심인물 이슈 진술, 위원들 질문 만들기, 중심인물과 위원들 사이에 질문을 건네고 탐색하기 과정까지 한 명당 20~30분 정도 시간을 할애한다.

그리고 중심인물이 좀 더 깊은 탐색이 필요할 때는 두 시간 정도를 온전히 사용하기도 한다. 이럴 때는 세심한 진행 준비와 절차가 더 필요하다.

열린질문 연습서클을 통해 이사할까 말까의 고민부터 장바구니에 담아 둔 원피스를 살까 말까의 고민까지 다양한 이슈를 꺼내 다룬다. 놀라운 것은 아무리 단순하고 가벼워 보이는 이슈라도 절대 가볍지만은 않다는 것이다. 자신이 소중하게 생각하는 가치, 지난날의 경험 등 삶의 여러 층위와 만나게 된다.

그리고 질문을 탐색하고 나면 내 안의 중요한 무언가를 발견하며 마음이 가벼워진다. 어떨 때는 명료한 답을 얻어 선택에 도움을 받기도 한다. 아인슈타인은 '질문이 정답보다 중요하다. 곧 죽을 상황에 단 1시간이 내게 주어진다면, 나는 55분을 질문을 찾는 데

---

13) 파커 J. 파머, 다시 집으로 가는 길, 김지수 옮김, 한언, 2014, p220-222.

할애할 것이다. 올바른 질문은 답을 찾는 데 5분도 걸리지 않게 한다.'[14] 라고 했다. 열린질문 연습은 질문이 얼마나 중요하고 힘이 있는지 경험하게 한다.

한 명도 아니고 여러 사람이 나의 이야기를 온전히 집중하여 들어주고 정성스럽게 질문을 만들어 건네주는 것은 흔하지 않은 경험이다. 깊은 침묵과 경청, 그리고 열린질문만으로 이루어진 이 과정은 자신이 소중한 존재로 여겨지며 안전함 가운데 스스로 자신의 내적 진실에 다가가는 탐색을 가능하게 한다.

열린질문 연습은 삶이 던져주는 질문에 좀 더 지혜로운 답을 찾아가는 과정이다. 또한 교사로서 질문을 만들고 건네는 능력을 함양하는 데 도움을 받기도 한다. 교과 주제에 적절한 질문을 하고 학생들의 답을 서로 연결 지으며 더 깊이 탐색하게 하는 질문을 계속 이어갈 수 있다.

---

14) 지식채널e 제작팀, 지식채널e 1738회 위대한 질문 편, EBS, 2018.7.19.(목).

열린질문 연습서클 진행

<서클 준비>

1. **목적**: 열린질문을 만들고 건네는 연습을 통해 열린질문에 대한 감각을 키운다. 자신의 삶에서 제기되는 이슈를 정직하고 열린질문을 통해 탐색하도록 서로 돕는다.

2. **자리 배치 및 준비물**: 좌석 동그랗게 배치, 센터피스, 토킹스틱, 질문기록용 포스트잇, 필기도구, 종

<서클 활동>

3. **침묵으로 초대하기**: 종소리에 맞춰 잠시 침묵하는 시간을 갖겠습니다.

4. **체크인**: 지금 느낌은 어떤가요? 자신이 가장 과감하게 입어본 옷은 무엇인가요?

5. **우리들의 약속 확인하기**: 상대의 이야기 끝까지 들어주기, 비밀보호 등

6. **전체 나눔질문으로 연결하기**

   · 나눔질문 · 자신의 삶에 선택해야 할 이슈가 있나요? 선택과 관련한 어떠한 이슈도 괜찮습니다. 긴 설명 없이 간단하게 '이사하기'라고 한 단어로 표현해 주시겠어요?

7. **전체 서클로 열린질문 연습하기**

   1) 열린 질문을 연습할 수 있게 도와줄 중심인물을 초대한다.
   2) 중심인물의 이슈를 듣는다. (자세한 설명보다는 5분 정도로 압축해서 들려 달라고 요청한다.)
   3) 이슈를 듣고 참여자는 포스트잇에 중심인물에게 도움이 될 열린질문을 2가지 적는다.
   4) 작성한 포스트잇을 진행자가 모은다.
   5) 진행자는 포스트잇에 적힌 질문을 중심인물에게 하나씩 읽어준다.
   6) 중심인물은 질문을 듣고 그 질문이 열린질문인지, 호기심질문인지, 문제해결을 위한 질문인지 등을 구별하여 자기 생각을 다음과 같이 표현한다. (이때 중심인물은

질문에 답하지 않고, 질문을 들었을 때 자신에게 일어난 몸과 마음의 반응만을 아래와 같이 대답한다.)

- "탐색하고 싶은 열린질문입니다."
- "질문자의 호기심을 채우기 위한 호기심질문으로 느껴집니다."
- "저의 이슈를 해결해 주려는 문제해결질문으로 들립니다."

7) 활동을 마치고 중심인물의 지금 마음 상태는 어떤지 나눈다.

8. 모둠으로 열린질문 연습하기(한 명당 20분씩, 총 60분 정도로 구성)

- 3명으로 구성하여 열린질문을 연습한다. (A는 중심인물, B와 C는 위원)

1) A가 먼저 중심인물이 되어 자신의 이슈를 진술한다. (5분)

2) B, C는 열린질문을 2~3개씩 만든다.

3) B, C는 A에게 자신이 만든 질문을 하나씩 건넨다.

4) A는 질문을 듣고 그 질문이 자신에게 열린질문이면 자신의 내면을 탐색하며 진술한다.

- B의 질문을 먼저 받아 진술하고, 이어서 C의 질문을 받아 진술한다. (15분)
  (B와 C의 질문을 번갈아 가며 받고 진술한다.)

- 호기심질문이나 문제해결질문이라고 생각되면 '다음 기회에 탐색하겠습니다' 등으로 답한다.

5) 역할을 바꾸어 활동을 이어나간다.

9. 전체 서클로 모여 나눔질문으로 연결하기

· 나눔질문1 · 중심인물의 경험이 어떠셨나요?

· 나눔질문2 · 위원들로 열린질문을 만드신 경험이 어떠셨나요?

· 나눔질문3 · 열린질문 연습을 통해 새롭게 알게 된 것이나 중요하게 다가오는 것, 또는 어떤 어려움이 있으셨나요?

10. 체크아웃: 활동을 하고 나서 지금 어떤가요?

4. 독서 서클

　독서 서클은 지적 욕구를 충족하기 위한 독서 모임과는 달리 텍스트와 자신의 삶이 만나는 지점을 깊이 들여다보고 서로의 경험을 나누며 새로운 배움을 얻는다. 서로가 들려주는 이야기에 귀 기울임으로써 공감하고 연결되며 가치를 공유한다. 또한 인간으로서 겪는 고통에 연민으로 연결되고 삶의 지혜를 얻기도 한다.

　다음은 기존 독서 모임과는 다른 독서 서클의 운영방식을 정리한 것이다.

　첫째, 정중한 초대와 자발적 참여에 기반한다. 독서 서클을 열고 준비하는 쪽에서 선정 도서와 진행 방식, 진행 일정, 소요 시간 등 독서 서클의 목적과 운영방식을 미리 안내하고, 되도록 전체과정 참여가 가능한 사람을 초대한다. 이는 참가자들에게 선택의 기준을 분명히 제공하는 역할을 한다.

　둘째, 독서 서클은 진행 기간을 정하고 시작한다. 보통 도서 1~2권을 6개월 단위로 운영한다. 기간을 정하면 참가자 관점에서 스스로 선택하고 책임지는 것이 편하게 다가온다. 매번 고정적으로 참여하는 사람들과 일부 새로운 참여자들이 자연스럽게 결합하여 안정감과 신선함을 동시에 충족하는 기쁨이 있다. 새로 결합하는 구성원이 있으면 멈추는 회원도 있기 마련이다. 자신의 삶에서 무엇이 중요한지 분별하고 선택한 것에 환송과 축하의 마음을 보낸다.

　셋째, 매회 모임의 시작과 끝을 명확히 한다. 시간과 공간을 함께 시작하고 마치는 것은 안정되게 텍스트와 서클의 역동을 경험하는 데 매우 중요하다. 모임을 시작할 때 약속된 시간만큼 함께 할 수 있는지 확인하고 고려할 점이 있는지 살핀다.

　넷째, 독서 모임 전체를 관통하는 안전한 공간을 형성하기 위한 가이드라인을 마련한다. 마음의 속도를 늦추기, 가만히 멈추어 자신을 들여다볼 수 있는 여유 공간 만들기, 충고 조언하려는 의도를 내려놓고 깊이 경청하기, 사적 비밀을 지켜주기 등 필요한 것을 제안하고 동의 과정을 거쳐서 모임의 가이드라인을 만든다. 매번 열 때마다 함께 확인하면서 주의를 환기한다. 서클의 중심에 우리들의 약속이 살아 있게 함으로써 안전함의 기초를 마련한다.

자신을 솔직하게 들여다볼 수 있는 안전한 공간이 형성되면 책 내용뿐 아니라 자신의 이슈에 대해 편안하게 꺼내놓고 탐색하여 공동체의 지혜를 얻을 수도 있다. 민감한 사회적 이슈에 대해서도 솔직하게 자신의 의견을 표현하고 타인의 의견을 경청함으로써 새로운 의미가 출현되고, 여러 이면을 발견하기도 한다.

그중 교사 독서 서클은 학교에서, 학교 밖에서 교사의 소명을 일깨우고 교사 정체성을 찾으며 평화로운 공동체를 만드는 데 도움이 되는 책들을 선정하여 운영되었다. 마셜 M. 로젠버그의 [비폭력대화], 칼 로저스의 [사람중심 상담], M. 스캇 펙의 [마음을 어떻게 비워야 할 것인가], [아직도 가야 할 길], [그리고 저 너머에], 제레미 리프킨의 [공감의 시대], 파커 J. 파머의 [가르칠 수 있는 용기], [삶이 내게 말을 걸어올 때], [비통한 자들을 위한 정치학], 데이비드 봄의 [창조적 대화론], 하워드 제어의 [회복적 정의란 무엇인가] 등이 대표적 도서이다.

독서 서클을 꾸준히 참여하고 진행하다 보면 각자 품고 있던 간절한 바람을 함께 실천하고픈 열망이 생기고, 가치를 공유하고 비전을 세워 새로운 공동체를 만드는 기초가 되기도 한다.

독서 서클 진행

<서클 준비>

1. **목적**: 동료 교사들과 책을 통해 서로의 생각과 가치를 나눈다. 서클로 앉아 텍스트를 중심에 놓고 주어진 질문에 따라 개인 저널 쓰기, 소그룹 나눔, 전체 이야기 나누기 등의 방식으로 자신의 경험과 삶을 비춘다.

2. **자리 배치 및 준비물**: 좌석 동그랗게 배치, 도서(텍스트), 센터피스, 토킹스틱, 종

<서클 활동>

3. **침묵으로 초대하기**: 종소리에 맞춰 잠시 침묵하는 시간을 갖겠습니다.

4. **체크인**: 오늘 기분은 어떤가요? 지금의 계절이 왔음을 무엇으로 느끼나요?

5. **우리들의 약속 확인하기**: 상대의 이야기 끝까지 들어주기, 비밀보호 등

6. **전체 서클로 텍스트 탐색하기**

   · 나눔질문1 · 오늘 나눌 텍스트에서 자신에게 인상적이거나 의문이 들었거나 함께 이야기 나누고 싶은 내용이 있으신가요? 해당 페이지를 말하고 그 부분을 읽어주세요.

   · 나눔질문2 · 나눠주신 이야기를 듣고 혹은 관련 내용이 자신에게는 어떻게 다가오는지, 어떤 의미나 생각, 경험 등이 추가로 떠오르는지 나눠주세요.

7. **탐색 질문을 활용해 모둠으로 텍스트 나누기(3~4명)**

  - 진행자가 미리 준비한 탐색 질문지를 활용한다. (뒷면 예시 질문지 참고)

   1) 각자 질문지에 적힌 질문을 탐색하며 기록한다.

   2) 모둠원이 모여 탐색한 질문을 중심으로 나눈다.

   3) A가 먼저 나누고 B, C는 침묵으로 경청하며 듣는다. 돌아가며 활동을 이어나간다.

8. **전체 서클로 모여 나눔질문으로 연결하기**

   · 나눔질문1 · 탐색 질문과 모둠활동이 어떠셨나요?

- 나눔질문2 · 모둠으로 나누면서 새롭게 알게 된 것이나 중요하게 다가오는 것, 떠오르는 질문 등이 있으신가요?

9. **체크아웃**: 활동을 하고 나서 지금 어떤가요?

〈예시 - 독서 서클 탐색 질문〉

M. 스캇 펙, [그리고 저 너머에] 1부 생각하기

1. 지금, 이 순간 깊이 눈에 들어오는 단어나 구절이 있습니까? 있다면 그곳에 오래 머물러보면서, 그 구절이 지금 나에게 무엇을 말하고 있는지 탐색해보세요.

2. 인생에서 자신에게 중요했던 결정(선택)의 순간들이 떠오르시나요?
   그 결정에 가장 중요하게 영향을 끼친 요소는 무엇이었나요?
   자신에게 중요한 결정(선택)의 순간이 온다면 어떠한 요소를 중요하게 생각하고 싶나요?

3. 사람은 누구나 어느 정도에 환상을 가지고 살아갑니다. 나를 지탱하는 건강한 환상이 있으신가요?
   혹시 나의 성장을 방해하는 환상이 있으신가요?
   나의 성장을 방해하는 환상을 멈출 힘은 어떤 것이 있을까요?

M. 스캇 펙, [아직도 가야 할 길] 2부 사랑

1. 자신의 성숙한(건설적인) 결혼생활을 위해 붙잡고 가야 할 것(붙잡고 가고 싶은 것)은 무엇인가요? 혹은 내려놓아야 할 것(내려놓고 싶은 것)은 무엇인가요?

2. 자신의 사랑할 수 있는 능력을 집중했던 경험이 있나요?
   현재는 누구에게 얼마만큼 어떤 모습으로 집중하고 있나요?
   혹은 선택한다면 누구를 향해 사랑의 의지를 어떻게 집중하고 싶은가요?

3. 사랑의 경험들이 떠오르시나요?
   그 만남과 경험들이 당신 자신에 대해 무엇을 드러내 보여주나요?
   그 만남과 경험들이 당신의 삶에 어떤 모습으로 드러나나요? 어떻게 살아있나요?

5. 협의 서클

협의 서클은 구성원들 간에 협의가 필요한 모든 사항에서 적용할 수 있다. 기존의 회의 방식과는 달리 서클의 원리와 요소가 적용되어 모두의 목소리를 듣고 의견을 반영한다.

다음은 학교에서 협의 서클을 적용한 사례들이다.

첫 번째로 2월 새 학년 교육과정 설계를 위한 교직원 연수 과정을 서클로 진행했다. 기존의 학교 교사들과 새롭게 전입해 온 교사들이 첫 만남에 둥글게 둘러앉았다. 체크인 질문을 시작으로 충전 놀이를 하며 어색함을 풀고 친밀함을 형성했다.

그리고 교육과정 설계를 위해 학교와 학년 비전을 수립했다. 전체와 소그룹으로 진행하고, 도출된 비전에 따라 세부 교육과정을 만들어냈다. 중요한 의사결정 과정에는 소수의견을 반영하는 절차를 통해 합의를 끌어냈다.

두 번째로 학년말 교육과정 평가회를 서클로 운영했다. 기존에 교육과정 평가회는 부서별로 정리한 내용을 읽고 발표하는 자리였다. 성과 중심의 회의는 교육과정을 운영하며 과정 중에 겪었던 고민과 어려움, 배움이나 보람을 공유하기는 어렵다. 또한 나아갈 방향을 함께 찾기도 어렵다.

그래서 진행 방식과 주제에 변화를 주었다. 수업과 전문적 학습공동체를 주제로 하는 몇 개의 질문들로 모여서 이야기를 나누었다. 수업에 대해 고민하고 어떻게 협력하며 나아갈 것인지 나누며 함께 성장하는 경험을 만들어갔다.

협의 서클을 함께한 동료들은 처음으로 학교에서 자신이 주체라는 경험을 했다고 표현했다. 그리고 함께 만들어냈기에 학교 교육과정과 학년 교육과정을 더 잘 이해하고 실행하려는 노력들이 보였다.

세 번째로 교사·학생·학부모가 함께하는 3자 간담회를 여러 차례 서클로 열었다. 학년을 대표하는 학생들과 학부모, 교사들이 적게는 30명, 많게는 100명 정도 모였다. 교복, 휴대전화 사용, 수업 방식 등 학교의 주요 이슈를 다루었다. 3자로 구성된 각 모둠에서 먼저 이야기를 나눈 후 다시 전체가 서클로 모여 나눈 내용을 공유했다. 그리고 이 대화에 참여한 소감을 짧게 나누었다.

이슈에 대해 최종 합의하는 과정까지 매번 도달하지는 못했어도 참여자들은 대화의 과정에서 서로에 대해 이해할 수 있어 의미 있는 경험이었다고 이야기했다. 그리고 이 대화를 기반으로 이후에도 학교의 여러 문제를 함께 모여 이야기하고 결정하는 시도를 했다.

이렇게 학교 구성원들이 학교 운영에 함께 참여하며 의사결정에 모두의 의견이 반영되는 경험은 학교를 더 활기차고 생동감 있게 만드는데 기여할 것이다.

협의 서클 진행

<서클 준비>

1. 목적 : 교육과정평가회 등에서 교과수업과 전문적학습공동체 운영을 돌아보며 수업에 대한 고민을 나누고 개선 방향을 찾는다.

2. 자리 배치 및 준비물: 좌석 동그랗게 배치, 센터피스, 토킹스틱, 종

<서클 활동>

3. 침묵으로 초대하기: 종소리에 맞춰 잠시 침묵하는 시간을 갖겠습니다.

4. 체크인: 수업할 때 자신은 어떤 모습을 하는지 그 이유와 함께 말해 주세요.
"수업할 때 나는 OOO이 된다. 왜냐하면 ~하기 때문이다."

5. 우리들의 약속 확인하기: 상대의 이야기 끝까지 들어주기, 비밀보호 등

6. 수업에 대해 모둠으로 활동하기

 · 나눔질문1 · 수업에서 나는 무엇을 경험하고 싶나요?

 · 나눔질문2 · 우리가 원하는 수업을 위해 내가 할 수 있는 일은 무엇인가요? 누군가에게 부탁하고 싶은 것은 무엇인가요?

7. 전체 서클로 모여 나눔질문으로 연결하기

 · 나눔질문 · 수업에 대한 이야기를 나누고 지금 어떤가요?

8. 전문적학습공동체에 대해 모둠으로 활동하기

 · 나눔질문1 · 수업나눔은 나에게 어떤 영향을 주고 있나요? (얻고 있는 것, 얻고 싶은 것)

 · 나눔질문2 · 수업나눔은 어떤 변화가 필요한가요?

 · 나눔질문3 · 우리가 원하는 수업의 변화를 위해 내가 할 수 있는 일은 무엇인가요? 누군가에게 부탁하고 싶은 것은 무엇인가요?

9. 전체 서클로 모여 나눔질문으로 연결하기

· 나눔질문 · 수업나눔에 대한 이야기를 나누고 지금 어떤가요?

10. 체크아웃: 활동을 하고 나서 지금 어떤가요? 오늘 교육과정 평가회에서 의미 있게 다가오는 것은 무엇인가요? 한 단어나 한 문장으로 표현해 주세요.

4장
서클로 갈등 다루기

학교에서 일어난 학교구성원 간의 갈등을 회복적 서클과 문제해결 학급서클로 다루어 관계를 회복한 실제 실천 사례를 소개하고자 한다.

1. 회복적 서클

회복적 서클은 갈등을 해결하고 관계를 회복하여 평화롭고 안전한 공동체를 만들기 위한 도구이다. 갈등이 발생했을 때 갈등 당사자들이 대화를 통해서 자신들의 문제를 스스로 해결하는 방법이다.

다음은 학교 현장에서 회복적 서클로 갈등을 다룬 실제 실천사례들이다. 사례는 갈등 당사자별로 학생 간 갈등, 교사와 학생, 교사 간 갈등으로 이루어져 있다.

· **학교폭력 사안 회복적 서클**

학생 간 회복적 서클

> · 학교장 자체해결 조치 후 회복적 서클 : 중학교 2학년 남학생
>   (피해 학생 1명과 가해 학생 6명)

중학교 2학년 남학생 A와 동급생 6명은 같이 축구도 하고 게임방도 다니고 시내에 나가 옷도 사고 밥도 먹는 평범한 친구 사이였다. 그런데 A가 집에서 몰래 가져간 돈이 백만 원 정도 된다며 A의 부모가 동급생 6명을 금품갈취로 신고했다.

사실을 확인하니 A가 6명에게 옷도 사주고, PC방 게임비와 PC방에서 먹는 음식값도 내주고 있었다. A는 아이들이 요구해서 가져간 것이 아니고 친구들과 어울리고 싶어 그랬다고 하고, 다른 6명은 처음엔 A가 주는 것만 받았는데 돈을 가져오라고 시키고 점점

액수도 커졌다고 했다. A는 학습이 부진하고 말이 어눌하여 자신의 의사를 정확하게 전달하는 능력이 부족했다. 평소 친구들은 A를 무시하고 가까이하려 하지 않았다. 학교폭력으로 사안이 접수되었다.

A는 자신이 원해서 한 행동이라 학교폭력이 아니라고 했고, 6명의 아이도 자신들의 행동에 대해 반성하는 태도를 보여 A 학부모의 동의하에 학교폭력대책자치위원회에 회부되지 않고 학교장 자체해결로 종결되었다. 단, 아이들의 관계 회복과 앞으로 이런 행동이 반복되지 않기 위해 서로 명확한 행동 약속이 필요하다고 판단하여 회복적 서클 진행을 하게 되었다.

A와의 사전서클에서 A는 게임비를 대주고 음식을 사주니 아이들이 자기와 놀아줘서 점점 그 횟수가 늘어나 엄마 돈에도 손을 대었다고 했다. 자기가 함께 놀기 위해 한 행동이라고 거듭 말했고, 부모님께는 죄송한 마음이라고 했다. A는 아이들이 자신에게 한 행동이 금품갈취에 해당하는 학교폭력 사안임을 인지하지 못했다. 이 상황을 개선하기보다는 아이들과 놀지 못하게 될까 봐 걱정했고, 전처럼 아이들과 놀고 싶다고 했다.

6명의 아이와도 각각 사전서클로 만나 본서클의 대화 과정과 규칙 등을 설명하고 이후 아이들과 학생부장 그리고 A의 담임교사와 함께 본서클이 열렸다. A가 6명의 아이 사이에서 위축되어 의사 표현을 어려워할까 염려해 교사 2명을 함께 초대해 진행했다.

다음 날 진행자를 포함해 10명이 참여한 본서클이 열렸다. 본서클에서 아이들은 대화 규칙대로 진행자의 질문과 진행에 따라 자신의 의견을 표현하고 서로의 말을 잘 반영해주었다. 교사들도 대화 규칙을 잘 지켜 참여하였다. 본서클은 2시간 동안 진행되었고, 아이들이 제안하고 동의하여 이행 약속 10가지를 작성했다.

'하교 후 PC방을 갈 때는 함께 간다. PC방 게임비는 각자 낸다. 돈을 빌려달라고 하지 않는다. 돈이 없을 때는 문화의 집에서 논다. 돈은 5천 원 정도만 가지고 다닌다. 축구를 함께 한다.' 등의 약속문을 만들고 각자 서명을 한 후 2주 후에 다시 약속들이 잘 지켜졌는지 확인하기로 했다.

2주 후 사후서클이 열렸다. 학교폭력으로 접수된 사안인 만큼 이행하기로 한 약속들이 잘 지켜졌는지 확인하는 사후서클의 의미가 중요하게 다가왔다. 아이들이 약속한 항목 하나하나를 확인하며 각자의 실천 정도를 점검했다. 유효한 약속은 유지하고 기타 내용은 수정 보완하여 다시 5가지 정도로 줄여 약속문을 작성하였다. 이후 실천 확인은 학생부장과 각반 담임교사가 확인하는 것으로 마무리했다.

회복적 서클을 진행하면서 평소 자신의 의사 표현이 서툴고 소극적인 A가 대화 규칙대로 6명이나 되는 친구들의 말을 잘 듣고 전달할 수 있을까 걱정되었다. 그러나 A는 다른 아이들보다 시간은 좀 더 걸렸지만 대부분 잘 반영해주었다. 그런 A의 속도를 아이들도 기다려주며 대화에 임하는 것을 보았다. 이러한 대화 과정이 아이들이 A를 친구로서 존중하는 태도를 보이는 데 긍정적인 영향을 줄 것이라는 생각이 들었다.

사전서클과 본서클, 사후서클까지 회복적 서클의 전 과정이 마무리된 후 아이들에게 소감을 물어보았다. A에게 사과할 수 있어서 좋았고, 말한 것을 똑같이 말하는 과정이 말한 사람의 마음을 이해할 수 있게 해서 도움이 되었다고 했다. 또 내가 지키기로 한 약속이니까 실천하려고 노력했고, 다른 친구들이 약속한 것들이 정말 실천이 될까 했는데 사후서클에서 아이들이 실천한 것을 확인하면서 놀랐다고도 했다.

한 아이가 친구의 진정한 의미를 알게 된 시간이라고 한 말이 기억에 남는다. 한 번의 대화 과정과 실천으로 안전하고 친밀한 관계가 조성되기는 어렵겠지만, A가 이전과는 다른 방식으로 친구들과 지낼 수 있으리라는 기대가 생겼다. 자신의 행동을 반성하고 책임질 기회가 주어진 것도 다행이었다. 이 서클을 통해서 자신의 진심이 들려지고 서로가 원하는 것이 무엇인지 대화로 풀어가는 과정이 꼭 필요함을 확인했다.

> · 강제 전학 징계 조치 후 회복적 서클 : 중학교 2학년 남학생
> (피해 학생 4명과 가해 학생 1명)

함께 어울려 놀던 5명의 남학생 그룹에서 학교폭력 사안이 발생했다. 그룹 내 A 학생

이 다른 4명의 학생에게 지속적인 폭력을 행사했다는 내용이었다. 분리 조치 후 사안 조사를 했고, 학교폭력대책자치위원회를 개최하여 강제 전학 결정이 이루어졌다. 그런데 징계로 전학을 가기 전에 서로 대화하고 싶다는 양측의 요청이 왔다. 징계 사항과는 별개로 이루어짐을 양측이 동의하고 회복적 서클을 진행했다.

관련 학생 모두 사전서클을 거쳐 본서클이 이루어졌다. A 학생은 자신의 행위에 대한 책임으로 강제 전학 조치를 그대로 받아들이고 있었다. 그러나 4명의 남학생은 A가 전학을 간 이후에도 같은 동네에 살면서 계속 폭력을 가하지 않을까 하는 두려움을 여전히 가지고 있었다. 그래서 자신들이 그동안 얼마나 고통스러웠는지 직접 만나서 이야기하고 앞으로 자신들이 안전하게 지낼 수 있게 확인받고 싶어 했다.

다행히 본서클에서 대화는 안전하게 진행되었고, 학생들은 그동안 자기들이 얼마나 힘들었는지 솔직하게 이야기했다. A도 친구들의 이야기를 듣고 그동안의 일에 대해 사과했다. 다시 친구 관계를 회복하기는 어려웠지만 서로 안전하게 지내기 위한 약속을 정하는 데는 합의했다.

이 과정에서 피해 관련 학생들은 친구들 사이에 동등하게 관계 맺고, 함께 즐겁게 지내고 싶은 마음이 얼마나 컸는지 이야기했다. 폭력이 무서워 자기가 시키는 대로 행동했던 친구들의 마음을 A도 이해하게 되었다고 했다. 같이 재미있게 놀고 싶었는데 자기 잘못으로 진정한 친구를 사귀지는 못한 것 같다고 말했다.

친구로 잘 지내던 학생들의 관계가 어느 순간부터 지배와 복종의 관계로 변하는 것일까? 물리적인 힘, 관계의 힘(힘 있는 친구집단이나 선배 등), 물질적 우위 등 다양한 요인이 학생들 사이에 권력으로 작용한다. 특히 중학교 시기에는 관계에서 발생하는 폭력이나 불편함을 괜찮은 척하고 참는 경우가 많다. 함께 놀 누군가가 꼭 필요한 시기이기 때문이다. 그러나 그런 상황이 반복되면서 어느덧 지배와 복종의 관계가 형성되고 폭력은 강화된다.

어른들은 매뉴얼에 나온 대로 그에 상응하는 벌을 주는 것으로 잘못된 행위를 멈출 수 있다고 생각한다. 그런데 학생들은 학교폭력으로 신고하면 다시 놀기 어려워지고,

친구 관계가 깨진다는 두려움이 있다. 또한 일이 커질까 봐 부모나 교사에게 도움을 요청하는 것을 망설이기도 한다. 학생들이 원하는 것은 부당한 행위의 중지뿐 아니라 관계의 회복과 유지도 있다.

부모나 교사는 학생들과 대화할 때 친구 관계에서 무엇을 원하는지 질문하고 공감하며 들어주는 것이 중요하다. 잘못된 행위에 대한 처벌 이외에도, 또한 처벌이 내려진 이후에도 어떤 것이 더 필요한지 살피고 도움을 줘야 한다.

학부모 참여 회복적 서클

> · 학교장 자체해결 조지 후 회복적 서클 : 중학교 2학년 남학생 3명
> (피해 학생 1명과 가해 학생 2명)과 아버지 3명

학기 초 3월에 남학생들 사이에 장난을 치다 상해가 발생했다. H와 B가 S를 치고 도망갔고, S가 쫓아가며 욕을 하자 H가 커터 칼을 휘둘러 S의 손이 베인 사건이었다. 학교폭력으로 사안이 접수되었다.

H와 B 학부모는 단순 장난이지 학교폭력이 아니라고 했다. 상호 요청으로 회복적 서클이 진행되었다. 학교폭력 가해 관련 학생 2명과 아버지 2명, 피해 관련 학생 1명과 아버지 1명이 대화에 참여했고, 담임교사가 진행했다.

회복적 서클에서는 다음과 같은 대화들이 이루어졌다.

> **교사**: 이 일과 관련하여 지금 심정은 어떠신가요?
> **H**: 후회스럽고 S에게 미안하다.
> **B**: 후회스럽고 S에게 미안하다.
> **S**: 불안하다.

H 부: 마음이 아프다. 장난이지만 폭력이 될 수 있다는 것을 알기를 바란다.
B 부: 폭력이란 단어가 가혹하다. 폭력, 진술서, 가해자 이런 단어들이 더 걱정된다.
S 부: 이 자리가 도대체 무슨 의미인지 모르겠다.

교사: 이 일과 관련하여 진심으로 원했던 것은 무엇인가요?
S: 이런 일이 다시 일어나지 않고 장난을 적당히 하면 좋겠다.
B: S랑 친해지고 싶다.
H: 일이 빨리 해결되기를 바란다.
S 부: 탈의실 같은 사각지대 관리를 잘해주었으면 한다.
H 부: 학생들의 관계가 돈독해졌으면 좋겠다. 이 기회를 바탕으로 반성하길 바란다.
B: 지난주부터 여럿이 한 명을 치고 도망가기 놀이를 하게 되었다. 이제 그만했으면 좋겠다.
H: 이번 일을 계기로 아이들이 그 놀이는 하지 않으면 좋겠다.
S 부: 지금이라도 알게 돼서 다행이다.
B 부: 아들에게 미안하다. 아들과 주말에 더 시간을 보내고 싶다.
H 부: 아들에게 더 관심을 두겠다.

교사: 앞으로 어떤 일이 일어나길 기대하나요? 자신이 할 수 있는 일 혹은 여기 모인 사람들에게 부탁이 있나요?
S: 감정표현을 잘하겠다.
B: 앞으로 치고 도망가기 놀이는 안 하고, 교실에 보드게임이 있었으면 좋겠다.
H: 장난을 줄이겠다. 다른 친구들도 위험한 장난은 안 하면 좋겠다.
S 부: 학교생활을 하면서 장난은 할 수 있다. 그러나 선을 넘지 말아야 한다.
B 부: 사춘기 남자아이들의 심리를 잘 모르겠다. 예방이 더 중요하므로 학교에서 심리상담 지원이 더 필요하다고 생각한다.
H 부: S가 용서해주길 바란다. 3명이 서로 친해지고 서로 보호해주길 바란다. 아들이 욕을 안 했으면 좋겠고, 아버지인 나부터 욕을 하지 않겠다.

나온 제안을 실천이 가능한 내용으로 구체화했다. 참여자들의 동의를 구하는 과정이 진행되었다. 이행 동의 내용은 다음과 같다.

- 치고 도망가기 놀이는 하지 않는다.
- 화가 나도 칼이나 도구를 사용하지 않는다.
- 친구가 싫다고 하면 즉시 멈춘다.
- 학급에 보드게임 도구를 구입해 쉬는 시간에 이용할 수 있게 한다.
- 학생과 학부모를 대상으로 학교폭력 예방 교육을 한다.
- 마음이 힘들 때는 상담 선생님과 상담한다.

성장기 학생들은 감정의 동요가 심하다. 언제 분노가 폭발할지 어떤 행동으로 표출될지 알 수 없다. 어른들은 아이들의 친구 관계가 불안해 보여 단속하고 혹은 단절시키지만, 학생들은 여전히 친구가 필요하고 재미있게 놀고 싶어 한다.

가해와 피해는 언제든 반복되고 역할이 바뀔 수도 있다. 서로에게 필요한 것은 처벌과 징계의 기록보다는 끊임없는 대화와 그것을 통해 쌓이는 상호 이해, 그리고 신뢰이다. 학생들은 스스로 겪어야 할 일들을 충분히 겪은 후에야 안정된 어른이 될 것이다. 관계 회복을 위한 새로운 상상과 실천이 절실하게 필요할 때이다.

> · 학교장 자체해결 조치 전 회복적 서클 : 중학교 3학년 여학생 2명과 양측 부모, 친구 2명

중학교 3학년 여학생 A가 학년 수련회를 다녀온 후 수련회 숙소에서 옆 반 B에게 뺨을 맞았다고 학교폭력 신고를 했다. A의 친구도 B를 처벌해 달라고 찾아왔다. B는 친밀함의 표현으로 서로 뺨을 때리고 놀았을 뿐이고, A가 자기의 뺨을 먼저 때린 적도 있다며 억울해했다. B의 친구도 친구들끼리 친해서 그렇게 때리며 놀았는데 갑자기 A가 신고하니 당황스럽다며 B는 가해자가 아니라고 했다.

반면 A의 부모는 아이가 B 때문에 너무나 고통스러웠다고 강력하게 처벌해야 달라고 했다. B의 부모도 일방적인 가해가 아니라며 가만있지 않겠다고 맞섰다.

사안 조사 과정에서 가해와 피해가 불분명한 상황임을 인지했다. 그래서 A와 B, 양쪽 부모님, 친구 2명에게 회복적 서클을 안내하고 대화모임을 진행했다.

먼저 A와 B를 만나 각각 사전서클을 했다.

A는 자기보다 강하고 뚜렷하게 의견을 표현하는 B 앞에서 위축되고 소외감을 느꼈다. 간혹 B가 자신의 말과 행동을 비난해도 참고 견디는 선택을 해왔다. 자신을 있는 그대로 받아주고 이해해주는 친구를 원했으나 B와 지낸 1년은 늘 불안하고 두려웠다. 3학년이 되어 신뢰할 수 있는 새 친구들을 사귀면서 친구들의 지지 덕분에 그동안 자신에게 힘을 행사한 B를 학교폭력으로 신고할 용기를 냈다고 했다.

B는 가정 분위기가 편안하지 못해 늘 긴장되고 힘든 시간을 보냈다. 자기 이야기를 잘 들어주는 A는 가장 소중하고 편한 친구였다. 그런 A가 3학년이 되어 새 친구들이 생기면서 관계가 멀어져 서운했는데, 학교폭력 가해자라고 자기를 신고하니 더 화를 내고 억울해했다. 가해자로 신고가 돼서 부모에게 폭력을 당할까 무서웠고, 생활기록부에도 기록이 남게 돼 자기 미래도 걱정되고 두렵다고 했다.

양쪽 부모, 친구들과 사전서클을 진행했다. 당사자들에게 본서클 대화모임에 응할 것인지 모두 확인한 후 함께 모일 수 있는 저녁 시간에 교실에서 본서클을 진행했다.

본서클 진행 과정에서 A와 B의 관계가 드러났고, 두 학생 사이에 생긴 오해를 확인했

다. 그동안 서로에게 쌓였던 서운한 감정이 뺨 때리기 놀이에 실려 표현된 것이었다. 양측 부모들은 두 학생의 아픈 마음을 확인했고, 서로에 대한 원망과 처벌의 마음을 내려놓게 되었다. 뺨 때리기는 서로 단순 놀이였다는 사실도 확인했다. 대화를 마무리하며 양쪽 부모가 상대측 자녀를 안아주고 싶어 했다. 두 학생과 친구들은 서로의 안전한 관계를 위한 약속을 만들었고, 이후 약속을 이행하며 편안한 친구 관계를 회복할 수 있었다.

학생들 사이의 관계는 변화무쌍하다. 어제까지 친한 친구였는데 사소한 오해로 미움과 분노의 대상이 된다. 그 오해를 풀 방법을 찾지 못하고 새로운 친구 그룹을 찾아 헤맨다. 그런 과정에서 서로에 대한 흉보기가 이루어진다. 그러다 집단 간의 싸움이 일어나고, 심각한 폭력이 오가기도 한다.

친구 관계가 소원해졌을 때 그 사실을 있는 그대로 인정하거나 받아들이기가 왜 어려울까? 세상에는 내 편인 사람과 내 편이 아닌 사람만 존재한다고 믿기 때문이다. 친구라면 내 마음과 같아야 하고 행동도 함께해야 한다고 생각해 자신과 똑같이 하기를 상대에게 강요한다.

우리는 함께 어울려 살아가기 위해 힘쓴다. 조화를 이룬다는 것은 모두가 같아지는 것을 의미하지 않는다. 서로 다름을 인정하고 수용하며 그 차이에서 오는 긴장을 알아차려 상대를 이해하려는 마음을 내는 것이다.

상대를 힘으로 굴복시키거나 그 힘에 복종하는 것은 우정이라고 할 수 없다. 다름에 대한 이해와 수용, 차이에서 오는 긴장을 끌어안는 법을 가정에서나 학교에서 경험하고 배울 수 있어야 한다.

· 교사와 학생 간 회복적 서클

> · 부담임교사와 중학교 2학년 남학생들의 회복적 서클

한 학급에 담임교사가 두 명씩 배정되는 복수담임제를 운영하던 시기에 두 담임교사가 몇몇 남학생들과의 관계에서 몹시 힘들어했다.

신규 담임교사(A)와 중견 부담임교사(B)가 조회와 종례를 나누어 담당했다. 두 교사는 모두 열정적이고 학생을 사랑했으며 최선을 다했다. 그런데 학생들에게 전달하는 내용이나 지도방식이 두 교사가 다를 때가 많았다. 예를 들어 조회 때 A 교사가 오늘 청소는 주번만 남아서 하라고 했는데, B 교사는 종례 때 모두 청소하라고 하니 학생들은 혼란스러워했다. 그럴 때 학생 몇몇은 두 선생님의 말씀이 다르다며 지시에 따르지 않으려고 했고, 이것이 교사와 학생들 간의 갈등으로 번졌다.

이런 상황에 두 담임교사는 힘들고 지쳐갔다. 여러 교과 선생님들도 몇 명의 학생들이 장난치며 수업을 방해해서 그 반 수업 진행이 힘들다고 하소연했다.

그러던 중 B 교사가 학급의 다섯 남학생과 회복적 서클을 하고 싶다고 요청했다. B 교사는 교내 회복적 생활교육 동아리에서 회복적 서클을 연습하고 있는 교사였다. 회복적 서클을 배운 교사들도 학생들 사이의 갈등을 다루기 위해 진행자로서 도와주려는 정도의 노력을 한다. 그런데 교사가 직접 당사자가 되어 학생과의 갈등을 회복적 서클로 다루기로 한 것은 쉬운 결정이 아니었다.

B 교사와 사전서클을 진행했다. 다섯 남학생과도 사전서클을 각각 진행했다. 모두 대화모임 초대에 응하여 본서클을 열었다.

B 교사는 학생들이 수업에 잘 참여해 주길 바라나 그렇지 못해서 속상하다고 했다. 그리고 수업에 성실하게 참여해서 모두가 즐겁게 배우기를 바란다고 했다. 특히 B 교사의 수업 시간에는 여러 가지 위험한 도구들을 사용하기 때문에 학생들이 장난하면 더 긴장되고 불안하다고 표현했다.

학생들은 B 교사의 교과 내용이 어렵다고 했다. 그래서 친구에게 말을 걸고 놀고 싶어진다고 했다. 다른 친구들도 장난치고 떠드는데 선생님은 자기만 지적하니 억울하고 화가 난다는 학생도 있었다. 특히 친구에게 지우개나 필기도구를 빌리려고 말을 걸 때도 선생님은 떠든다고 화를 내서 더 억울하다고 말했다.

서로의 진심들이 표현되고 들려졌다. 그리고 앞으로 어떻게 지내기를 바라는지 들은 후, 그 기대의 실현을 위해 이행 동의 약속이 이루어졌다. 그중 한 학생은 수업 시간에 잘 배우고 싶다며 모르는 것을 질문할 기회를 주고, 선생님이 다른 친구들을 대하듯이 자기도 친절하게 가르쳐 주기를 원한다고 했다.

B 교사는 학생들을 공평하게 대한다고 생각했는데 미처 알지 못한 일이라며 얼마든지 도와주겠다고 했다. 그 외에도 서로에 대한 부탁과 자신이 할 수 있는 것들에 대한 제안이 오갔다. 교사는 수업 시간에 학생들을 지도할 때 자신이 놓치고 있는 것이 무엇인지 도움받기 위해 동료 교사의 수업 참관도 요청했다.

학생들은 수업 시간에 서로 말을 걸거나 장난치지 않기로 했고, 모르는 것이 있을 때는 선생님께 질문하기로 약속했다. 이후 이행동의서를 작성해 나눠 가졌다.

본서클 이후 약속이 지켜지지 않은 상황이 발생할 때는 교사와 학생들이 다시 이행동의서를 함께 들여다보며 이야기를 나누었다. 그렇게 소통하며 선생님과 학생들은 서로를 존중하고 돌보며 한 해를 마무리했다.

교사와 학생의 갈등을 다루는 회복적 서클은 여전히 도전적이다. 그것이 실현되려면 교사가 학생과 마주 앉을 수 있는 용기가 우선 필요하다. 그리고 훈계나 비난, 강요의 방식이 아닌 자신의 진심을 솔직하게 내보이는 용기도 필요하다. 그 용기는 가르치고 배우는 역할 너머에 서로 배워가는 존재로서 만날 수 있는 마음이다. 우리가 그 용기를 낼 수 있다면 학생들과 더 평화롭고 안전한 관계를 이룰 수 있다.

· 교사 간 회복적 서클

> · 교장과 교사들의 회복적 서클

　교장과 교사들 사이에 소통의 어려움이 계속되던 중 동료 교사 A는 교장과의 갈등으로 학년말 전보내신을 내고 싶다고 했다. 그러나 A 교사는 학교에서 수업 혁신과 생활교육의 변화, 학생과 학부모들과의 협력과 소통을 이루기 위해 동료들과 실현하고 싶은 일이 많았다. 고민 끝에 A 교사는 교장 선생님과 회복적 서클을 진행하고 싶다며 대화를 요청했다. A 교사와는 사전서클을 진행했고, 교장과는 상황에 대한 설명과 A 교사와의 대화를 원하는지 간단한 참여 의사를 확인했다. A 교사는 동료 교사 한 명(B)을 추가로 대화모임에 초대했고, 교장도 이에 동의해 회복적 서클을 진행했다. A와 B 교사는 회복적 서클 연수를 받아 대화 형식에 이해가 있는 교사들이었다.

　본서클은 퇴근 후 교장실에서 두 시간 정도 진행되었다.

　본서클에서 교사들은 교장에게 2가지를 요청했다. 교사들이 추진하는 학교행사에 적극적으로 지원해 줄 것과 학생들을 만날 때의 태도 변화였다. 교장은 자신도 학교 구성원들과 함께 학교를 더 나은 방향으로 개선할 의지가 강하다고 표현했다.

　긴 대화를 통해 얻은 결과는 교장도 교사들도 서로 도움이 필요하고 여전히 함께하고 싶은 일들이 많다는 것이었다. 상대를 판단하며 한 이미지로 고착화해 밀어내는 대신 자신의 진심을 표현하고 상대의 진심을 듣는 기회를 만들어 낸 것이다.

　이행동의 과정을 거쳐서 서로 함께하기 위한 합의를 만들어냈다. 교사들은 행사를 기획할 때 그 내용이나 예산 사용에 대해 교장과 충분한 논의를 거쳐 진행하기로 했고, 교장은 교사들의 업무 추진에 적극적인 지원을 하기로 했다. 그리고 학생을 존중의 언어와 태도로 대할 것을 약속했다.

　교장은 이행동의 내용을 직접 기록하는 모습을 보였다. 회복적 서클에 대한 충분한 이해가 없어도 열린 마음으로 대화에 적극적으로 참여했다. 역할을 넘어 대화할 용기와 마음을 냈기 때문에 가능했을 것이다.

동료 교사는 교장과의 대화모임을 선택하지 않았다면 자신이 원하는 것을 돌보지 못한 채 계속 고통스러웠을 것이다. 결국 상대를 탓하며 분리와 단절을 선택했을 수도 있다. 갈등을 회피하거나 책임 전가하는 방식이 아니라, 함께 책임지고 문제를 풀어가고자 하는 방식을 선택한 그 용기에 감사함이 올라온다. 위계 관계에서 발생하는 갈등을 어떻게 다시 협력하는 관계로 만들 수 있을지 생각하게 한 대화모임이었다.

이 대화모임을 되돌아보면서 학교 자치의 미래를 상상해본다. 공동의 리더십으로 학교 구성원들이 함께하는 공동체가 형성되기를 기대한다. 그 과정에는 다양한 입장들이 충돌해 많은 갈등이 발생할 수 있다. 그 갈등을 전환하고 풀어가는 우리의 선택들이 함께 바라는 새로운 변화와 미래를 만들 것이다.

2. 문제해결 학급서클

문제해결 학급서클은 학급 내 손상이 일어났을 때 학급 구성원 전체가 참여하여 물질적 손상이나 관계의 훼손을 회복하여 평화롭고 안전한 공동체를 만들기 위한 것이다. 열린질문으로 토킹스틱을 활용하여 학급 구성원 모두가 발언할 기회를 제공한다. 대화를 통해 자신들의 문제를 스스로 해결하는 방법이다.

학급 구성원 전체가 참여하는 서클이므로 모두가 편안하고 안전한 분위기에서 대화에 참여하도록 서클 진행 전에 세심한 준비가 필요하다. 먼저 서클 진행자는 학급 문제를 기존의 방식이 아닌 서클대화 방식으로 다루려는 자신의 의도를 깊이 들여다봐야 한다. 그래야 서클 진행 과정에서 예측하기 어려운 어떤 자극 상황이 왔을 때 흔들리지 않고 서클을 유지하며 대화를 지속할 수 있다.

학생들에게도 서클의 목적과 의미에 대해 안내하고, 우리들의 약속을 확인하며 서클에서 안전하게 자신의 마음과 원하는 것을 표현하도록 지원해야 한다. 다른 교사들의 참여가 필요한 경우에는 사전에 만나서 서클의 목적과 규칙 등을 안내하고, 서클을 여는 기대와 의미를 스스로 인지하고 참여하도록 한다.

다음은 실제 학교 현장에서 문제해결 학급서클을 실천한 사례들이다. 사례는 따돌림, 수업 붕괴, 분실 사건, 성, 교권을 주제로 각각 이루어진 내용이다.

· **따돌림 문제해결 학급서클**

학급서클을 통해 학생들 관계의 문제를 다루는 것은 많은 에너지가 필요하다.

중학교 1학년 학생들은 친구 관계가 새롭게 형성되면서 갈등이 빈번히 발생한다. 새로운 환경에 놓인 학생들은 관계에 대한 긴장감이 매우 높다. 친구를 사귀지 못하고 고립되는 것은 매우 큰 고통이다. 그래서 학생들은 자기에게 맞는 친구들을 찾아 무리를 형성하는 것이 학년 초에 특히 중요한 과제다.

그런데 친구 만들기는 각자의 능력으로 자연스럽게 해결하는 것이지 누군가의 도움이 필요하다는 인식은 적다. 결국 친구를 만들지 못해 불안과 공포를 느끼며 힘든 시간을 보내는 학생들도 있다. 이런 시기에 각자의 어려움과 기대, 도움받고 싶은 것을 함께 이야기하고 나눌 수 있는 학급서클이 필요하다.

3월에 전학을 온 중1 여학생(A)이 있었다. 이 학생은 자신의 분노를 거친 언어와 태도로 표출하는 학생이었다. 이로 인해 '전학생이 제멋대로 나댄다.'라는 이유로 반 전체 학생들로부터 따돌림을 받게 되었다. 담임교사는 이 문제를 다루기 위해 문제해결 학급서클을 열었다.

학급 학생들에게는 따돌림 문제를 다루는 시간이라고 하지 않고, 학년 초 학급운영 차원에서 열리는 정기적인 서클 모임이라고만 안내하고 편하게 참여하도록 했다. 몇 개의 열린질문을 준비하고 대화 규칙을 확인한 뒤 서클을 진행했다.

나눔질문으로 학급에서 만족스러웠던 경험, 힘들었던 경험을 차례로 돌아가며 이야기했다. 힘들었던 경험을 이야기할 때 한 남학생이 우리 반 아이들이 A를 따돌리는 것을 보는 것이 불편하다고 했다. 자신도 초등학교 때 따돌림받은 경험이 있어서 그 친구가 얼마나 힘들지 알기 때문에 걱정된다고도 표현하며 누군가를 따돌리는 것은 안 했으면 좋겠다고 말했다. 그리고 A에게 자주 한숨 쉬는 행동 때문에 친구들이 싫어하니 하지 말라고도 했다.

학생들에게 따로 안내된 바가 없는데도 학급에서 힘들었던 경험을 나누니 자연스럽게 전학생의 따돌림 이야기가 나온 것이었다.

A는 자신이 어떤 말을 하면 바로 비난의 말이 들려지고, 특히 수업 시간에 발표할 때도 반 친구들이 조롱하거나 무시하는 말을 해서 힘들다고 했다. 자기 책상에 있는 물건을 떨어뜨려 놓고 다시 올려놓지도 않고, 화장품을 아이들이 마음대로 써버린다고도 했다.

한 남학생은 A에게 전학생이면 처음에는 분위기 파악하면서 조용히 지내야 하는데 눈치 없이 주장이 너무 강하다고 했다. 다른 학생들도 선생님들이 전학생 말만 듣고 혼자라고 편들며 우리만 혼낸다고 불만을 표현했다.

A는 전학생이면 조용히 말도 없이 지내라는 그런 규칙이 어디에 있냐며 나답게 솔직하게 살고 싶다고 했다.

그 말을 듣고 한 여학생이 자신도 전학 가서 지금 A가 겪는 것을 똑같이 경험한다면 부당하다는 생각이 들 거라고 했다. 그러면서 이번 기회에 친구들이 자신에게 하지 않았으면 하는 말이나 행동이 있다면 모두 말해보자고 제안을 했다.

그 제안에 바로 한 남학생이 자신을 '빼빼시'라고 부르면 화가 나니 그렇게 부르지 말라고 했다. 자신도 왜소한 체격이 불만인데 그 말을 들을 때마다 자극이 돼서 불편하다는 것이다. 다른 남학생도 자기를 '일짱'이라고 부르지 말라고 했다. 자신도 친구가 필요한데 아이들이 이 말을 듣고 자신을 무서워해 멀리한다고 했다.

이렇게 다른 학생들의 고충이 이어졌다. 전학생 A만 힘든 것이 아니라 모두가 거친 말과 행동으로 힘들어하고 있음을 서로 확인하고 이해했다.

이후 각자 이런 고충을 해결하기 위해 할 수 있는 행동은 무엇인지 나누었다. 듣기 싫은 말과 듣고 싶은 말을 각자 적어서 자신의 사물함에 붙여 친구들이 기억하게 하고, 듣기 싫은 말은 하지 말고 듣고 싶은 말은 자주 해주자는 약속을 했다.

학생들은 긴 대화 속에서 서로 안전한 학급 생활을 위해 스스로 문제를 찾아내고 구체적인 실천 방법을 제안했다. 교사가 먼저 따돌림 문제를 판단하고 학생들에게 해결 방법을 제시했다면 거부감과 억울함이 표출될 수도 있고, 그로 인해 더 복잡하고 어려운 갈등이 펼쳐질 수도 있을 것이다.

이후 따돌림당한다고 여겨진 전학생 A와 학생들의 관계는 회복되었다. A는 학급 내에서 다른 친구들과 갈등을 조절하면서 무사히 1년을 마쳤다. 학년말 '우리 반 10대 뉴스'라는 주제로 학급 뮤지컬 경연대회를 했다. 학생들은 그중 A와 함께한 학급서클을 표현하였고, 그 내용에 A가 직접 해당 역할로 참여한 것을 보았을 때 학급 전체 학생들과의 관계가 편안해졌음을 다시 확인했다.

학급 내 따돌림 문제가 발생하면 긴장과 불안이 지속되면서 갈등이 다양한 양상으로 확대된다. 따돌림당한 학생만 어려움을 겪는 것이 아니라 교사들과 전체 학생들 사이의 불안과 갈등도 자라게 된다. 서로의 신뢰가 약해지면서 학급 내 협력이 어려워진다.

서클에서는 갈등 당사자들이 갈등을 스스로 해결할 힘과 지혜가 있다는 것을 믿는다. 학생들도 스스로 자신들의 문제를 이해하고 해결할 힘이 있다. 이를 믿고 기다려준다면 좀 더 안전하고 평화로운 관계를 형성할 수 있다.

따돌림 문제해결 학급서클 진행

<서클 준비>

1. **목적** : 학년 초 학급문제를 해소하고 서로 신뢰하며 안전하게 지낼 수 있는 관계를 형성한다.

2. **사전 준비사항**: 학급 학부모들에게 서클 진행에 대해 안내한다.

3. **자리배치 및 준비물** : 좌석을 동그랗게 배치, 센터피스, 토킹피스, 간식, 종

<서클 활동>

4. **침묵으로 초대하기**: 종소리에 맞춰 잠시 침묵하는 시간을 갖겠습니다.

5. **체크인**: 지금 느낌은 어떤가요? 학급서클에 대한 기대는 무엇인가요?

6. **우리들의 약속 확인하기**

    - 자신의 진심을 솔직하게 이야기하고 상대의 말을 깊이 듣기

    - 진행자가 누군가의 이야기에 대해 반영해주기를 요청하면 상대의 이야기에 동의하지 않더라도 들은 이야기를 반영해주기

    - 누가 반영해주기를 원하는지 요청하고 이야기하기

    - 여기서 나눈 이야기는 비밀을 지키기

    - 서클의 시작과 끝을 함께하기

    - 휴대전화 무음

    - 기타 필요한 대화 규칙 확인하기

7. **전체 나눔 질문으로 연결하기**

    · 나눔질문1 · 한 달 동안 학급생활을 하며 만족스러웠던 경험은 무엇인가요?

    · 나눔질문2 · 한 달 동안 학급생활을 하며 힘들었던 경험은 무엇인가요?

    · 나눔질문3 · 학급에서 우리가 평화롭고 즐겁게 지내기 위해 무엇이 필요한가요?

(제안이 나오면 정리하여 구체화하고 긍정적인 표현으로 바꾼다. 동의 과정을 거쳐 '우리들의 약속'으로 삼는다.)

8. 체크아웃: 이야기를 나누고 나서 지금 어떤가요? 서클의 경험은 어땠나요?

* 제안된 실천 방법은 학급 게시판에 게시한다.

· 수업 붕괴 문제해결 학급서클

중학교 1학년 A 학급에 수업 붕괴 현상이 계속되었다.

A 학급을 들어가는 모든 교사가 힘겨워했고, 학생들은 매시간 교사들로부터 비극적인 훈계를 들어야만 했다. A 학급에는 주의력 결핍이 심각한 남학생이 3명 있었다. 여학생들은 잠을 자거나 화장을 하고 자기들끼리 이야기하며 수업에 참여하지 않았다.

학년 초에는 주의력 결핍으로 보이는 남학생들에게 교사들의 훈계가 집중되었으나 차츰 다른 학급과 비교하며 학급 전체 학생들에게까지 비난과 분노가 표출되었다. 학생들도 교사들의 계속된 비난 섞인 훈계에 불만이 쌓여갔다. 수업 거부에 가까운 집단행동을 하며 교사 전체에게 반감을 표현했다. 매시간 교사들을 자극하는 언행은 날이 갈수록 심해졌다.

담임교사는 기간제 신규교사였다. 학급 학생들에 대한 교사들의 부정적 피드백과 하소연에 담임교사의 스트레스는 극에 달했다. 교사들이 학급 수업이 힘들다고 말할 때마다 담임교사는 학생들을 더 나무라고 강한 어조로 지도할 수밖에 없었다. 그럴수록 담임교사와 학생들의 관계는 더 악화되었다. 결국 학년 전체 교사 회의에서 대책을 마련해야 했다. 회의에서 내린 결론은 학급서클이었다.

몇 가지 질문으로 토킹스틱을 돌렸다. 먼저 교실에서 공부하는 데 어떤 어려움이 있는지를 물었다. 학생들은 다음과 같은 어려움을 표현했다.

"모든 선생님이 수업 시간에 화를 낸다."
"담임선생님이 우리를 미워한다."
"수업 시간에 친구들이 떠들어서 수업을 잘 들을 수가 없다."

다음으로 어떤 교실에서 공부하고 싶은지 물었고, 학생들은 다음과 같이 답했다.

"선생님들이 화내지 않는 교실에서 살고 싶다."

"서로 존중하고 배려하면 좋겠다."

"서로 믿을 수 있고 함께 즐겁게 지내기를 바란다."

마지막으로 각자가 원하는 교실을 만들기 위해 무엇이 필요한지 질문을 했을 때, 학생들은 다음과 같이 제안했다.

- 수업 시간에 친구에게 수업과 상관없는 말 하지 않기
- 수업 시간에 친구가 수업과 상관없는 말을 걸어오면 대꾸하지 않기
- 수업 시간에 말 걸어서 대답하지 않아도 화내지 않기
- 선생님들은 수업 시간에 화내지 말고 웃으면서 말씀해주세요.
- 선생님들은 우리 반을 다른 반과 비교하지 마세요.
- 선생님들은 다른 반에 가서 우리 반 험담하지 마세요.
- 다른 반 수업을 보게 해주세요. 어떻게 다른지 알고 싶어요.

이 학급서클 이후 학년 교사들이 모여 학생들이 제안한 사항을 논의했고 세 가지를 약속했다.

- A 학급 수업을 진행할 때 반 전체를 대상으로 화내거나 훈계하지 않고, 수업 후 개별 면담을 통해 대화한다.
- A 학급 수업 진행 시 칭찬과 격려의 언어를 많이 사용한다.
- A 학급 학생 중 다른 반 수업 참관을 원하는 학생 1~2명을 수업에 참관하게 한다.

학생들이 제안한 사항 이외에도 A 학급의 모든 수업을 개방하여 수업을 관찰하고 함께 수업 성찰을 나누기로 하였다. 이 결정 사항은 A 학급 학생들의 동의를 거쳤다.

이 약속들은 즉시 이행되었다. 교사들은 해당 학급 수업시간에 화내는 것을 멈추고, 칭찬과 격려의 언어를 더 많이 사용했다. 그리고 A 학급의 학생 2명이 자원해서 4회에 걸쳐 네 개의 다른 학급 수업에 참여하여 자기 학급 수업과 비교했다.

수업을 참관한 학생들은 "우리 반 아이들이 불쌍해요. 그동안 우리는 교실 같지 않은 교실에서 수업 같지 않은 수업을 했다는 생각이 드네요."라고 말했다. 그리고 학급 친구들에게 수업 참관 소감을 이야기해서 학습 분위기를 변화시키겠다고 약속했다. 이 약속 또한 지켜졌다.

학급서클을 열고 A 학급은 놀라운 변화를 보였다. 학급의 수업은 안정되어갔고, 학생들도 교사들과 편안한 관계를 회복했다. 물론 그 후 학생들은 또다시 이전의 모습으로 돌아가기도 했다. 한 번의 학급서클로 모든 문제를 해결할 수는 없다. 하지만 교사들이 먼저 학생들의 말에 귀 기울이고 변화하려고 노력할 때 자신들이 소중한 존재로서 존중받고 있다는 것을 학생들도 경험한다. 이를 통해 교사에 대한 존중과 신뢰가 커지는 것을 볼 수 있다.

수업 붕괴는 관계의 문제다. 관계의 문제는 특정한 한두 사람에 의해 발생하는 것이 아니다. 교실 안에서 만나는 학생들과 교사들 전체가 영향을 주고받은 결과다. 교사들은 학생들과의 관계에서 일어나는 여러 자극에 대해 끊임없는 자기관찰과 성찰로 각자가 어떤 방식으로 반응하는지 알아야 한다. 교사 자신을 돌보고 학생들도 돌보는 방법을 늘 고민해야 함께 평화로울 수 있다.

수업 붕괴 문제해결 학급서클 진행

<서클 준비>

1. **목적** : 수업 시간에 발생하는 문제의 원인을 확인하고, 각자가 어떻게 영향받고 있는지 말하고 듣는다. 이러한 활동을 통해 안전한 배움이 일어나는 학습 분위기를 조성한다.

2. **자리배치 및 준비물** : 좌석 동그랗게 배치, 센터피스, 토킹피스, 종

<서클 활동>

4. **침묵으로 초대하기**: 종소리에 맞춰 잠시 침묵하는 시간을 갖겠습니다.

5. **체크인**: 지금 느낌은 어떤가요? 학급서클에 대한 기대는 무엇인가요?

6. **우리들의 약속 확인하기**

   - 나눈 이야기는 비밀을 지키기, 서클의 시작과 끝을 함께하기 등

7. **전체 나눔 질문으로 연결하기**

   · 나눔질문1 · 학급에서 수업 시간에 공부하며 힘들었던 경험은 무엇인가요?

   · 나눔질문2 · 학급에서 어떤 수업의 모습을 기대하나요?

   · 나눔질문3 · 우리가 원하는 수업 시간이 되기 위해 무엇이 필요한가요?

   　　　　　각자 자기가 할 수 있는 것은 무엇인가요?

   　　　　　친구들이나 선생님들께 요청하는 것은 무엇인가요?

   (제안이 나오면 정리하여 구체화하고 긍정적인 표현으로 바꾼다. 동의 과정을 거쳐 '우리들의 약속'으로 삼는다.)

8. **체크아웃**: 이야기를 나누고 나서 지금 어떤가요? 무엇이 중요하게 다가왔나요? 어떤 배움이 있었나요?

* 동의된 실천 방법은 학급 게시판에 게시한다.

· 분실 사건 문제해결 학급서클

"선생님! A의 돈 5만 원이 없어졌대요. 체육 시간 끝나고 와보니 가방이 열려있고 지갑에 돈만 없어졌대요. 수련회 가서 입을 운동복 사려고 가져왔는데 없어졌대요." A의 친구가 담임교사에게 상황을 알렸다.

학급 내 분실 사건이 생겼을 때 담임교사의 마음에는 놀람과 걱정 등 여러 감정이 교차한다. 학급 분실 사건을 해결하지 않으면 담임교사에게 무능력하다는 비난이 돌아오곤 한다. 또 도난 사건일 경우에는 돈이나 물건을 가져간 학생을 찾는다고 해도 그 학생이 학교생활을 못 하고 전학을 가는 일이 생겨 분실 사건은 해결해도 문제, 하지 않아도 문제라는 인식이 있다.

혼란스러운 위기 상황에 놓이게 되면 반 아이들의 관계가 더 명확하게 드러난다. 돈이나 물건을 잃어버린 당사자의 비통함이나 화는 금세 반 아이들에게 전염되고, 반 전체 학생들은 범인이 누구인지 밝혀내는 데 집중한다.

"선생님, B가 점심시간에 혼자 교실에 있다가 마지막에 나왔어요."
"선생님, 옆 반 아이가 우리 반 교실에 들어가는 것을 누가 봤대요."
"C가 이전에도 돈을 훔친 적이 있대요. 아마도 이번에도 걔가 분명할 거예요."

돈을 찾지 못하고 시간이 지날수록 반 분위기는 황폐해진다. 의심받는 친구들이 생기고, 문단속을 제대로 하지 않았다고 주번은 비난을 받게 된다. 애초에 돈을 잃어버린 아이를 탓하기도 한다. 담임교사가 적극적으로 해결하지 않으면 분실사건은 계속될 것이라는 염려와 추궁이 뒤따른다.

'이 문제를 어떻게 해결하지? 왜 분실 사건이 자주 일어나지? 평화롭게 해결할 방법은 뭘까' 이런 질문 속에 담임교사는 이전과는 다른 방식으로 문제를 풀기로 했다. 학급 공동체를 돌보기 위해 학급서클을 제안한 것이다.

첫 번째 질문으로 그 일로 인해 지금 심정이 어떤지 돌아가며 이야기 나누었다.

먼저 담임교사가 분실 사건이 일어난 것을 알았을 때의 놀람과 당황스러움을 솔직하게 표현했다. 잃어버린 돈을 꼭 찾게 해주고 싶은데 누군가를 의심하는 분위기가 불편하고, 의심받는 아이가 받을 상처도 걱정된다고 이야기했다.

돈을 잃어버린 A는 돈을 잘 지키지 못했다고 엄마에게 혼나고, 선생님들도 돈 잃어버린 것은 자기 책임이라고 하니 너무 속상하다고 했다. 반 친구들이 다 도둑처럼 보인다며 억울해했다. 주번인 학생은 B가 뒤에 나온다고 해서 문단속을 부탁하고 먼저 나갔는데, 자기 책임이라고 하니 짜증 난다고 했다. C는 이전에도 도난 사건에 범인으로 지목되어 힘든 일을 겪은 적이 있는데, 이번에도 한 친구가 자기가 범인이라고 큰 소리로 말해 너무 억울하고 무서웠다고 했다. 그때도 자기가 범인이 아니라 했는데도 소문이 그렇게 나서 정말로 힘들었다고 했다. A의 친구는 A가 평소 세줄 운동복을 사고 싶어 해 부모님이 생일 선물로 주신 용돈이라고 했는데 잃어버려서 마음이 아프고, 친구가 실망하는 모습이 속상하다고 했다. 다른 학생들도 누가 범인인지 꼭 밝혀내서 혼을 내줬으면 좋겠다고 하고, '이게 뭐냐, 도둑하고 같이 살아야 하냐.'라는 등의 거친 말도 했다.

두 번째 질문으로 그 일이 일어났을 때 진심으로 원한 것이 무엇인지 나누었다.

돈이 분실되지 않기를 바랐다. 잃어버린 자신에게 탓하는 말 대신 위로와 공감의 말을 해주길 바랐다. 누가 순간적으로 욕심이 나서 가져간 거라면 꼭 돌려주었으면 좋겠다. 그리고 돌려준다면 한번은 용서해주면 좋겠다. 확인하지도 않고 의심의 말을 하지 않기를 바랐다. 대부분 학생은 이런 일이 생기지 않고 편안하고 안전한 학급이기를 바란다고 말했다.

세 번째로 앞으로 어떤 일이 일어나기를 기대하는지 나누었고, 구체적인 실천 방법도 이야기했다. 학생들은 돈을 찾길 바랐고, 안전한 교실을 원했다. 그러기 위해서 다음과 같은 제안을 했다.

- 학교에 큰돈은 가져오지 않는다. 가져왔을 때는 담임교사에게 맡긴다.
- 문단속은 주번이 한다.
- 다른 반 빈 교실에 들어가지 않는다.

마지막으로 돈을 비밀리에 돌려받기 위한 아이디어가 제안되었다. 모두가 종례 때 같은 편지 봉투를 받고 학생들은 밀봉하여 다음 날 조회 시간에 담임교사에게 모두 제출하자는 것이었다. 이 제안에 모두가 동의하였다.

서클을 마치면서 지금 어떤지, 어떤 배움이 있었는지 돌아가며 이야기를 나누었다. A는 자신이 겪는 어려움을 털어놓을 수 있어서 시원하고 친구들이 이야기를 들어주어 고맙다고 했다. 돈이 돌아온다면 좋겠지만 돌아오지 않더라도 상황을 받아들이겠다고 했다.

다른 학생들은 문단속 책임은 주번에게 있다는 말을 무심결에 했는데, 그 친구가 그렇게 상처받은 줄 몰랐고 미안하다고 했다. 또 서로 원하는 것이 무엇인지 들을 수 있어 좋았고, 안전한 교실을 만들기 위해 함께 지킬 약속을 정해서 기대된다고도 했다. 담임교사는 혹시 돈이 돌아오지 않더라도 이제는 친구들을 의심하지 말고 다른 경우의 수가 있다는 것을 열어두자고 했다.

다행히도 다음날 기적처럼 돈이 돌아왔다. 함께 이를 축하했다. 자칫 서로 불신의 골이 깊어질 뻔했는데 학급서클로 전환하여 신뢰와 안전을 되찾는 계기가 되었다.

서클대화 시간으로 담임교사와 아이들은 서로 이해하고 연결되었다. 공통의 지혜로 예민하고 다루기 어려운 문제도 함께 풀어 갈 수 있음을 경험했다. 그리고 자신들이 진심으로 원한 것은 안전과 신뢰라는 것도 알게 되었다. 이러한 서클의 경험이 학교에는 손상이 발생할 수 있지만, 그것을 평화롭게 해결하고 회복할 수도 있다는 것을 알게 된 기회가 된 것이다.

분실 사건 문제해결 학급서클 진행

<서클 준비>

1. **목적**: 학급에서 돈이나 물건 등의 분실 사건이 일어났을 때 서로 받은 영향을 이야기 한다. 서로의 바람을 나누고 구체적인 약속을 하여 안전하고 평화로운 공동체를 형성한다.

2. **자리 배치 및 준비물**: 좌석을 동그랗게 배치, 센터피스, 토킹스틱, 종

<서클 활동>

3. **침묵으로 초대하기**: 종소리에 맞춰 잠시 침묵하는 시간을 갖겠습니다.

4. **체크인**: 지금 기분은 어떤가요? 서클에 대한 기대는 무엇인가요?

5. **우리들의 약속 확인하기**

    -자신의 진심을 솔직하게 이야기하고 상대의 말을 깊이 듣기

    -여기서 나눈 이야기는 비밀로 지키기 등

6. **전체 나눔질문으로 연결하기**

    · 나눔질문1 · 그 일이 일어난 후, 지금 각자는 어떤 심정인가요?

    · 나눔질문2 · 그 일이 일어났을 때 자신이 진심으로 원하던 것은 무엇인가요?

    · 나눔질문3 · 앞으로 학급에서 어떤 일이 일어나기를 바라나요? 어떤 학급이 되길 바라나요?

    · 나눔질문4 · 바라는 바를 이루기 위해 내가 할 수 있는 것, 함께 해 보고 싶은 것은 무엇인가요? (제안이 나오면 정리하여 구체화하고 긍정적인 표현으로 바꾼다. 동의 과정을 거쳐 '우리들의 약속'으로 삼는다.)

7. **체크아웃**: 이야기를 나누고 나니 어떤가요? 새로운 배움이나 자신에 대해 알아 차려진 것이 있나요?

*동의된 실천 방법은 학급 게시판에 게시한다.

· 성 관련 문제해결 학급서클

쉬는 시간에 복도나 교실에서 중학교 1학년 남학생 셋이 자기들끼리 중요 신체 부위를 치고 도망가는 것을 몇 번 봤다는 여학생들의 신고가 들어왔다.

해당 남학생들은 장난이었고, 초등학교 때부터 남자아이들은 늘 그렇게 재미로 논다는 것이었다. 여학생들은 교실에서 남학생들의 그런 행동을 보는 것이 불쾌하고, 다시는 그런 장난을 하지 않게 해 달라고 했다.

관련 교사들이 모여 사안을 다루었다. 이 사안이 성폭력 사안인지 생활교육의 사안인지 의논이 오갔다. 여학생들의 불편함을 해소하고, 남학생들의 성인지감수성을 높이는 방법은 무엇이 있을지 논의했다. 이 사건을 학생들이 배움의 기회로 삼도록 다음과 같은 조치를 하기로 하였다.

> · 성교육을 통해 무엇이 성폭력인지 알리고, 성인지감수성을 기르게 한다.
> · 학급서클을 통해 이 일로 인한 서로의 심정을 나누고, 서로 원하는 것을 찾는다.
> · 학급서클을 통해 구체적 실천 약속을 만든다.
> · 일을 추진하는 과정에서 부모님들과 소통하며 진행한다.

학급서클 과정에서 남학생 대부분이 남자들끼리 신체 부위를 치며 노는 정도는 성폭력이 아니고 장난이라고 생각한다는 것을 알았다. 여학생들은 남녀가 같이 있는 공간에서 그런 행동을 하는 남학생들이 혐오스럽고, 가까이하고 싶지 않다고 했다.

남학생들은 지금까지 아무도 문제 삼지 않아서 잘못된 행동이라고 생각하지 못했고, 주위 애들이 보면 웃길래 더 재미있게 해주려고 한 것인데 이렇게 심각한 일인 줄 몰랐다고 했다. 그리고 처음에는 별일도 아닌 것을 일러서 화가 났는데 여학생들이 그렇게까지 싫어할지는 미처 생각하지 못했다고 했다. 이번 기회에 큰 문제임을 알게 되어 다행이고 이렇게 이야기 나누고 알려주어 고맙고 미안하다고 했다.

학생들은 이런 일이 되풀이되지 않기 위해 무엇이 필요한지 제안하고 동의 과정을 거쳐 세 가지 약속을 정했다.

> 첫 번째, 전문 강사로부터 성폭력 예방 교육을 받는다.
> 두 번째, 앞으로 위험하거나 불편한 장난을 하면 그만하라고 표현(요구)하고, 요구를 들으면 즉시 사과하고 멈춘다.
> 세 번째, 요구가 받아들여지지 않으면 선생님께 도움을 요청한다.

세 명의 남학생 부모님들께 학급에서 일어난 일과 학교생활교육위원회를 열어 성교육이 진행되는 것도 알렸다. 가정에서도 특별히 성교육에 관심을 가지고 지도해 달라고 부탁했다.

이 학급서클을 계기로 학급 학생들의 관계는 편안해졌고, 학교 전체 학생들에게도 성인지감수성을 높이는 교육의 기회가 되었다.

성 관련 문제해결 학급서클 진행

<서클 준비>

1. **목적**: 학급서클을 통해 서로 소통하고 이해하며 성인지감수성을 높이는 공통의 약속을 정한다. 공동체의 회복을 위한 자기 책임의 기회를 제공한다.

2. **사전 준비사항**

   1) 행위 당사자들과 사전서클을 진행한다.
      - 행위 당사자를 사전에 만나서 자신의 행위를 돌아보고 그 행위를 이해할 수 있는 시간을 갖는다. 자기 책임을 인식하며 피해회복을 위해 무엇을 할 수 있는지 생각하게 한다.
      - 그 일로 친구들이 받은 영향과 자신이 받은 영향을 이야기한다. 그 일로 영향받은 학급 학생들이 서로 진심을 나누는 대화 자리가 필요하다고 동의하면 학급서클을 제안하고 진행을 준비한다.
      - 서클이 어떤 자리가 되기를 기대하는지 들어보고, 서클의 흐름을 미리 알려준다.

   2) 그 일로 영향받은 관련 학생들과 사전서클을 진행한다.
      - 그 일로 영향받은 학생들과 개인 또는 그룹으로 만나 자신이 어떤 영향을 받았는지, 어떤 바람이 있는지 이야기한다.
      - 교사와 학급 학생들이 서로 진심을 나누는 대화 자리가 필요하다고 동의하면 학급서클을 제안하고 진행을 준비한다. 서클의 흐름을 미리 안내한다.

   3) 그 외 학급 학생들을 만나 있었던 일에 대해 어떤 영향을 받았는지, 어떤 바람이 있는지 듣고, 교사와 학급 학생들이 다 함께 서로 진심을 나누는 대화 자리가 필요하다고 동의하면 학급서클을 제안하고 진행을 준비한다.

3. **자리배치 및 준비물**: 좌석 동그랗게 배치, 센터피스, 토킹스틱, 종

\<서클 활동\>

4. 침묵으로 초대하기: 종소리에 맞춰 잠시 침묵하는 시간을 갖겠습니다.

5. 체크인: 지금 기분이 어떤가요? 서클에 대한 기대는 무엇인가요?

6. 우리들의 약속 확인하기

- 자신의 진심을 솔직하게 이야기하고 상대의 말을 경청하기

  (너에 대해서가 아니라 내가 어떤지 '나 말하기' 방식으로 이야기하기, 상대를 조롱하거나 비난하지 않기)

- 여기서 나눈 이야기는 비밀로 지키기

- 서클의 시작과 끝을 함께하기

- 패스 가능

- 휴대전화 무음

- 기타 필요한 약속

7. 전체 나눔질문으로 연결하기

- 있었던 일(ACT)을 관찰로 이야기한다.

- 지난번 있었던 일과 관련해 서로의 진심을 듣고 앞으로 나아가기 위해 우리에게 필요한 것이 무엇인지 지혜를 모으는 시간임을 알리고, 약속을 확인하며 시작한다.

· 나눔질문1 · 그 일로 자신의 심정이 지금 어떠한지 누가 무엇을 알아주길 바라나요? (상대에게 들은 대로 반영해주길 부탁한다. 회복적 서클 방식으로 진행한다.)

· 나눔질문2 · 그 일이 일어난 순간에 자신이 진심으로 원했던 것은 무엇인지 누가 무엇을 알아주길 원하나요? (상대에게 들은 대로 반영해주길 부탁한다. 회복적 서클 방식으로 진행한다.)

· 나눔질문3 · 앞으로 학급에서 어떤 일이 일어나기를 바라나요? 어떻게 지내길 바라나요?

· 나눔질문4 · 위의 질문과 관련해 기대하는 것을 이루기 위해 자신이 할 수 있는 일이 있다면 무엇이고, 함께 해 보고 싶은 일이 있다면 무엇인지 제안해 주세요.

- 나온 제안은 리스트를 적는다.
- 추상적인 것은 구체화해 우리들의 약속으로 정한다.
- 2주 후로 사후서클을 제안하고 구체적 날짜를 잡는다.

8. 체크아웃: 이야기를 나누고 난 지금 느낌은 어떤가요?

· 교권 침해 문제해결 학급서클

수업 시간에 A 학생이 B 교사에게 욕설하고 의자를 발로 차며 교실 밖으로 나간 사건이 생겼다. 학교에서는 교권보호위원회를 열어 전학을 포함한 어떤 조치를 해야 할지 고민되는 상황이었다.

A 학생은 교사가 자기 인격을 무시하는 말을 했다고 생각했다. 집에 가서도 선생님이 친구들 앞에서 자기를 저격하고 조롱하는 말을 해서 그런 행동을 했다며 자신의 억울함을 주장하고 화를 풀지 않았다. 학부모도 선생님의 부적절한 말로 이 일이 일어났다며 항의했다.

B 교사는 이 일로 교권보호위원회가 열리는 것을 원하지 않았다. 학생을 징계하기보다는 학생에게 진심 어린 사과를 받고 싶고, 이 일이 학생에게 배움의 기회가 되길 바란다고 하였다. 그 사이 A 학생은 자신이 교사의 말을 오해하고 일으킨 행동이라는 것을 깨닫고, 선생님께 진심으로 사과하고 싶어 했다.

해당 교사가 교권보호위원회 개최를 바라지 않아도 교권의 회복과 학생 교육이 필요한 상황이라 교사 회의가 열렸다. '실추된 교권과 교사의 상처를 어떻게 돌볼 것인가? 그 자리에 함께 있던 학급 아이들의 정서를 어떻게 돌볼 것인가? 여러 사람 앞에서 분노를 표출하며 교사에 대한 폭력을 행사한 학생에게 자신의 행동을 어떻게 책임지게 할까? 그리고 그 학생이 교사와 친구들과의 관계를 어떻게 회복할 수 있을까?' 여러 질문이 오갔고 자연스럽게 서클대화로 방법이 모였다.

학급서클에서 A 학생은 그 일로 자신이 어떠한지 솔직하게 표현했고, 선생님과 반 친구들에게 눈물을 보이며 깊은 용서를 빌었다. 반 친구들도 자신이 영향받은 것과 선생님에 대한 염려와 감사 응원을 보내기도 하고, 그 친구에게 위로와 격려를 보내기도 하였다. 서클은 학급에서 어떻게 지내고 싶은지 앞으로의 기대와 오늘 소감을 나누며 마무리되었다.

이후 해당 학생과 교사의 관계는 빠르게 회복되었고, 학급 분위기도 안정되었다. 학급 학생들은 교권 침해라 할 수 있는 큰 사건을 서클로 다루었다. 각자의 진심에 귀 기울여 들어주고 솔직하게 표현하는 것만으로도 다시 평화롭게 관계가 회복되는 경험을 했다.

이 학급은 몇 달 후 축제 준비를 하면서 학급 학생들이 두 편으로 갈라져 의견 충돌이 심하게 되자, "선생님, 그때처럼 서클 해주실 수 있으세요?"라고 서클대화를 의뢰해 왔다.

회복적 서클 대화 방식을 고안한 도미니크 바터는 음식을 요리하려면 부엌이 필요하듯 언제든지 갈등을 풀고 다룰 수 있는 갈등 부엌이 있어야 한다고 했다.[15] 학교에도 갈등 부엌 역할을 할 수 있는 시스템 구축이 필요하다.

---

15) 박성용, 회복적 서클 가이드북, 대장간, 2018, p203-204.

교권 침해 문제해결 학급서클 진행

<서클 준비>

1. 목적: 교실에서 학생과 교사 사이에 갈등이 생겼을 때 각자가 어떻게 영향받고 있는지 말하고 듣는다. 서로를 돌보며 관계를 회복하고 서로 존중하고 안전한 교실을 만들고, 공동체의 회복을 위한 자기 책임의 기회를 제공한다.

2. 사전 준비사항

　1) 행위 당사자와 사전서클을 진행한다.

　　- 자신의 행위를 돌아보고 행위에 대해 이해할 수 있는 시간을 갖는다. 자기 책임을 인식하며 피해회복을 위해 무엇을 할 수 있는지 생각하게 한다.

　　- 그 일로 교사와 급우들에게 미친 영향과 자신이 받은 영향을 이야기하고, 교사와 학급 친구들이 함께 서로 진심을 나누는 대화 자리가 필요하다고 동의하면 학급서클을 제안하고 진행을 준비한다.

　　- 그 일로 인해 자신이 어떤 심정인지 교사와 친구들에게 전하고 싶은 마음을 글로 써오게 한다. 서클이 어떤 자리가 되기를 기대하는지 들어보고, 서클의 흐름을 미리 알려준다.

　2) 교사를 만나서 공감의 시간을 갖는다.

　　- 그 일로 자신이 어떤 영향을 받았는지, 어떤 바람이 있는지 이야기한다.

　　- 교사와 학급 친구들이 다 함께 서로 진심을 나누는 대화 자리가 필요하다고 동의하면 학급서클을 제안하고 진행을 준비한다. 서클의 흐름을 미리 안내한다.

　3) 학급 학생들을 만나 있었던 일에 대해 자신이 어떤 영향을 받았는지, 어떤 바람이 있는지 이야기하고, 학급 학생들이 다 함께 서로 진심을 나누는 대화 자리가 필요하다고 동의하면 학급서클을 제안하고 진행을 준비한다.

3. 자리 배치 및 준비물: 좌석 동그랗게 배치, 센터피스, 토킹스틱, 사과 편지, 종

\<서클 활동\>

4. 침묵으로 초대하기: 종소리에 맞춰 잠시 침묵하는 시간을 갖겠습니다.

5. 체크인: 지금 느낌은 어떤가요? 어떤 서클을 기대하나요?

6. 우리들의 약속 확인하기

　- 자신의 진심을 솔직하게 이야기하고 상대의 말을 깊이 듣기

　- 여기서 나눈 이야기는 비밀로 지키기 등

7. 전체 나눔질문으로 연결하기

　·나눔질문1· 그 일로 인해 자신의 심정이 지금 어떠한가요? (학생이 사과 편지를 준비해왔다면 먼저 읽고 시작한다.)

　·나눔질문2· 그 일이 일어난 순간 자신이 진심으로 원했던 것은 무엇인가요?

　·나눔질문3· 앞으로 학급에서 어떤 일이 일어나기를 바라나요? 선생님과 친구에게 하고 싶은 말이 있다면 무엇인가요?

8. 체크아웃: 이야기를 나누고 나니 어떤가요? 새로운 배움이나 소감을 나눠주세요.

5장

서클로 수업하기

1. 교과 수업

학생은 왜 학교에 가는가? 부모는 아이들을 왜 학교에 보내는가? 여러 이유 중 가장 확실한 것은 학교에는 배움이 있기 때문이다. 그중에서도 교과 수업에서의 배움이 일차적이다.

학교에서 교사들이 학생들과 가장 많은 시간을 보내는 것 역시 교과 수업 시간이다. 교사에게 기본적으로 요구되는 역량도 교과수업과 관련 능력들이다. 교사는 학생들의 교과 역량뿐 아니라 의사소통 능력, 비판적 사고력 등 미래사회에서 요구되는 다양한 핵심역량을 키우기 위해 다방면으로 노력한다.

교과 지식을 넓히고 수업 설계를 잘 짜기 위해 교수학습 관련 연수를 받고, 다양한 학습 보조자료를 만들고, 모둠학습과 전체 학습 등의 학습 형태를 정하고, 수업의 흐름을 설계하여 학습지도안을 작성한다.

온라인수업에 녹화한 영상을 올릴 때는 교사가 설계한 수업 계획과 전달하려는 내용이 교사 마음에 들 때까지 다시 찍고 수정하고 편집할 수 있다.

그런데 교실은 교사가 계획하고 기대하는 방향으로만 수업이 펼쳐지는 공간은 아니다. 교사가 준비한 것을 시간 안에 모두 끝내야 한다는 압박과 초조함 때문에 서두르기도 하고, 학생들은 예측과 달리 수업 주제에 관심을 보이지 않기도 하며, 때론 수업 진행을 방해하기도 한다. 그런 경우에는 학생들에게 배움이 일어나고 있는지 확신할 수 없다. 교사는 처음엔 학생들의 수업 태도와 반응에 실망하고, 다음엔 수업 전반에 대해 자기 책임으로 돌리며 자책한다.

교사는 수업을 위해 만반의 준비를 다 했는데 뭐가 더 필요한 것일까? 파커 J. 파머는 책 『가르칠 수 있는 용기』에서 교실이라는 공간은 여러 역설을 품고 있다고 했다.

> 1. 공간은 제한적이며 개방적이어야 한다.
> 2. 공간은 다정하면서 긴장되어야 한다.

> 3. 공간은 개인과 집단의 목소리를 동시에 수용해야 한다.
>
> 4. 공간은 학생의 '작은' 얘기와 보편적인 '큰' 얘기를 모두 존중해야 한다.
>
> 5. 공간은 고독을 지지하면서 동시에 일체감을 부여해야 한다.
>
> 6. 공간은 침묵과 언어를 동시에 환영해야 한다.[16]

교실이 파커 파머가 말한 역설의 공간이 되기 위해서는 무엇보다 교사의 균형감각이 중요하고 필요하다. 그러나 이러한 상반된 양쪽의 긴장을 교실에서 버티고 서 있기는 쉬운 일이 아니다. 개인의 습관화된 사고나 길들여진 몸의 반응들이 한쪽으로 쏠리게 하거나, 여러 가지 교실에서 일어나는 자극들이 그 균형을 깨고자 할 것이기 때문이다.

그렇다면 교사가 교실에서 역설의 힘을 견디고 중심을 잘 잡으려면 어떻게 해야 할까? 가르침과 배움이 일방적이지 않고, 유기적으로 연결되기 위해서는 어떤 것들이 필요할까?

서로 배움이 일어나는 학습공동체를 이루기 위해서 무엇보다 교실은 안전해야 한다. 학생들뿐만 아니라 교사에게도 교실은 안전해야 한다. 그래야 학습의 집중을 높이고, 배움의 깊이를 더할 수 있기 때문이다.

교사와 학생 모두에게 교실이 안전한 공간이 되기 위해서는 관계 형성과 신뢰가 중요하다. 이를 위해서는 소통을 도와주는 도구들, 학습을 촉진하는 질문들, 수업을 위한 규칙 세우기 등이 요구된다. 결국 수업에서도 서클대화가 필요하다.

서클에서 경험했던 경청의 힘과 다양성의 존중, 그리고 존재로 바라보기는 수업 시간에도 절실히 요구된다. 우선은 교사의 열린 마음과 자기관찰 능력이 필요하다. 그것이 먼저 되어야 자신의 정서를 돌보고 원하는 것을 분명히 알아차리며 흔들리지 않고 중심을 잡을 수 있다. 그래야 수업 시간 학생들에게 필요한 것이 무엇인지 알고 도울 수 있다.

그리고 학생들에게는 수업 시간에 자신의 이야기를 친구들이 경청하고 존중해주는 경험이 무엇보다 중요하다. 이러한 경험은 교실이라는 공간이 안전하다는 것을 체감하

---

16) 파커 J. 파머, 가르칠 수 있는 용기, 이종인, 이은정 옮김, 한문화, 2013, p151-152.

고, 학생들에게 열린 마음을 갖게 하여 수업 참여 의욕과 연결돼 학업 성과에도 영향을 미치게 한다.

서클 수업은 학생들에게 이러한 경험의 기회를 제공하기 위해 서클의 구성 요소와 일반적인 흐름을 적용해 다음과 같은 순서로 진행한다.

> 1. 교사와 학생들이 의자로만 서클로 앉거나 ㄷ자 혹은 ㅁ자형의 책상 배치를 하고 앉는다. 가운데 센터피스를 놓는다.
> 2. 침묵을 활용한다. 수업 종이 울리면 잠시 침묵의 시간을 가지면서 수업에 자연스럽게 진입할 수 있도록 유도한다.
> 3. 수업 규칙을 확인한다.
> 4. 전체활동이나 모둠활동 때 소통 도구인 토킹스틱을 활용하여 자신을 솔직하게 표현하고 상대의 의견에 경청하는 훈련을 한다.
> 5. 수업 내용과 관련해 열린질문을 제시하고 학생들이 주제 탐색에 들어가게 한다.
> 6. 수업 마무리로 수업 시간에 기억하고 싶은 단어, 배움이 일어난 것, 여전히 어렵거나 도움이 필요한 것 등을 돌아가며 나눈다.

크리스 메르코글리아노는 '두려움과 배움은 함께 춤출 수 없다'고 했다.[17] 깊이 있는 배움은 안전함에서 일어난다. 교실에서 안전함은 관계에서 싹튼다. 서클은 경청과 서로 배움을 통해 마음이 연결되는 신뢰의 공간을 만든다.

서클로 수업하기에서 가장 중요하게 다뤄지는 부분도 배움의 기반이 되는 안전하고 신뢰할 수 있는 관계 형성에 있다. 사람과의 관계는 대개 자기 삶의 이야기를 들려주고 나눌 때 형성된다. 그리고 진정한 관계는 서로가 깊게 들어주었을 때 가능하다. 수업 주제 자체가 학생들 자신들의 삶의 이야기일 때도 있고, 체크인 시간을 통해 나눠질 수도 있다. 학생들의 일상과 삶이 교과 주제와 맞물려 가슴으로 전달될 때 안전한 관계는 형성된다.

---
17) 크리스 메르코글리아노, 두려움과 배움은 함께 춤출 수 없다, 공양희 옮김, 민들레, 2013, p126.

또한 서클 수업에는 열린질문을 활용하여 사고의 확장을 돕고 자기결정과 선택의 경험을 제공한다. 정해져 있는 답이나 틀에서 벗어나 교과 주제를 깊이 탐색하여 생각의 폭을 넓히고, 그러한 각자의 생각들이 모여 더욱 교과에 대한 이해를 넓히고 삶이나 현실에 적용할 수 있게 한다.

서클 수업은 경쟁이 아닌 협력적 대화방식이다. 각자의 욕구와 선호, 특성 등 다양성을 존중하며 수업 주제와 관련된 어떠한 이야기도 수용된다. 모두가 가르치고 모두에게서 배우는 방식이다. 이러한 대화 과정에서 수업 주제에 대해 제3의 결과나 창의적인 문제해결 방안 등이 도출되도록 돕는다.

다음은 학생들이 실제 서클 방식으로 수업을 하고 나서 소감을 적은 글이다.

> 친구들과 글을 읽고 질문에 각자 생각을 답한 후, 다시 재질문하고 듣는 과정이 재미있었다. '와, 저렇게 생각할 수 있구나. 생각이 깊다.'라고 여겨지는 의견도 있었고, 재미있는 말이지만 조금 황당해서 나로서는 의문을 가지게 만드는 의견들도 있었다. 어떤 생각이든 이야기를 나누는 과정에서 서로 다른 의견을 듣고 생각의 폭을 늘려가는 과정이 정말 흥미로웠다. 앞으로도 이러한 선악이나 흑백이 나뉘지 않은, 정답이 없는 문제들에 대해 서로 토의하고 나누는 수업이 많았으면 좋겠다는 생각이 들었다.
>
> —이○○
>
> 수업 시간 처음에는 그저 남들의 시선을 신경 쓰기에만 급급했습니다. 저의 생각이 남들의 공감을 끌어내는 생각인지 남들의 시선으로 보았을 때 조금 이상한 생각은 아닌지에 신경을 썼습니다. 하지만 시간이 지나면서 저의 생각은, 틀린 것이 아니라 그냥 저의 생각이라는 것을 깨달았습니다. 저는 글을 잘 쓰고 생각을 조리 있게 표현하는 친구들이 부러웠습니다. 그들을 모방하고 그들보다 잘하려고 노력했지만, 그것보다 저의 생각을 명확하게 하는 게 중요하다는 것을 느꼈습니다. 저는 이번 수업을 통해 제가 누구인가라는 질문에 대해 깊게 생각하고 저만의 대답에 조금이나마 가까워진 것 같습니다.
>
> —임○○

글을 읽고 내 생각을 쓴 뒤 조원들과 나누고 다시 전체 친구들과도 나눴다. 이렇게 생각을 나누는 과정에서 내 생각도 확실해지고, 질문과 답변을 하면서 추가적인 생각들도 할 수 있게 되어 좋았다. 비슷한 고민을 하는 친구들의 의견을 들으며 진실하고 깊은 생각을 나누니 마음이 이어진 것 같은 기분을 느꼈다. 대화하며 옳고 그름이 없이, 자신과 다른 생각에 질문하고 의견을 추가하며 이야기를 나누는 시간이 즐거웠다.

-서○○

각자 조사해온 명언에 대해 서로의 생각을 나누는 시간이 매우 유익했다. 친구들의 격언, 명언을 듣고 이야기를 나누며 위로도 받고 반성도 하고 깨달음을 얻을 수 있었다. 모두의 생각이 다르고, 그 생각들이 모두 가치 있다는 것을 느꼈고, 명언에 대한 친구들의 경험과 생각을 들어 흥미로웠고, 공감할 수 있어 좋았다.

-한○○

교과 시간에 서클 방식으로 수업했던 실제 사례와 진행 방법 등을 아래 수업 주제 순서대로 소개한다.

연번	서클 수업 주제
1	학기 초 교과 수업 기대 나눔 서클
2	학기 초 과목(동아리) 선택 나눔 서클
3	나 바라보기 시 수업 서클 1 (야외수업)
4	나 바라보기 시 수업 서클 2 (야외수업)
5	성찰하는 글쓰기 수업 서클
6	삶의 나침반, 가치 나눔 서클
7	독서 질문 나눔 서클
8	사회 이슈 나눔 서클
9	주제 나눔 서클 1 (인권)
10	주제 나눔 서클 2 (통일)

학기 초 교과 수업 기대 나눔 서클

<서클 준비>

1. **목적**: 학기 초 교과 수업 시간의 즐거움, 어려움, 기대 등을 나눈다. 교과수업에 대한 학생들 각자의 경험과 인식 나눔을 통해 공통성과 다양성을 확인하고, 교사도 교과 수업에 대한 설계와 학생들과의 관계 맺기에 도움을 받는다.

2. **자리 배치 및 준비물**: 의자를 동그랗게 배치, 센터피스, 토킹스틱, 종

<서클 활동>

3. **침묵으로 초대하기**: 종소리에 맞춰 잠시 침묵하는 시간을 갖겠습니다.

4. **체크인**: 지금 기분이 어떤가요?

5. **토킹스틱 사용 설명하기**

6. **우리들의 약속 확인하기**

   - 상대의 이야기 끝까지 들어주며 경청하기, 휴대전화 무음으로 하기 등

7. **전체 나눔질문으로 연결하기**

   · 나눔질문1· 교과 내용이나 관련 활동 중 즐겁거나 만족스러웠던 경험은 무엇인가요?

   · 나눔질문2· 교과 내용이나 관련 활동 중 어렵거나 불만족스러웠던 경험은 무엇인가요?

   · 나눔질문3· 이번 학기(학년)에 교과수업에 어떤 배움을 기대하나요? 어떤 수업이길 바라나요?

8. **체크 아웃**: 이야기를 나누고 나니 어떤가요?

* 나눔질문 1,2,3이 적힌 활동지를 주고, 작성할 시간을 준 다음에 돌아가며 나누기를 할 수도 있다.

학기 초 과목(동아리) 선택 나눔 서클

<서클 준비>

1. **목적**: 학기 초 선택과목이나 동아리 선택의 이유와 기대를 나눈다. 공통성과 다양성을 확인하며 관계 형성에 도움을 준다. 교사도 교과수업이나 동아리 활동 등에 대한 설계와 학생들과의 관계 맺기 방식에 도움을 받는다.
2. **자리 배치 및 준비물**: 의자를 동그랗게 배치, 센터피스, 토킹스틱, 종

<서클 활동>

3. **침묵으로 초대하기**: 종소리에 맞춰 잠시 침묵하는 시간을 갖겠습니다.
4. **체크인**: 요즘 나의 관심거리는 무엇인가요?
5. **토킹스틱 사용 설명하기**
6. **우리들의 약속 확인하기**
 - 상대의 이야기 끝까지 들어주며 경청하기, 휴대전화 무음으로 하기 등
7. **전체 나눔질문으로 연결하기**
    - 나눔질문1 · 여러 선택과목(동아리) 중 이 과목(동아리)을 선택한 이유가 무엇인가요?
    - 나눔질문2 · 교과수업과 동아리 활동에 어떤 내용과 배움을 기대하나요?
    - 나눔질문3 · 교과수업이나 동아리 활동이 어떤 시간이길 바라나요?
8. **체크아웃**: 이야기를 나누고 나니 지금은 어떤가요?

* 나눔질문 1,2,3이 적힌 활동지를 주고, 작성할 시간을 준 다음에 돌아가며 나누기를 할 수도 있다.

나 바라보기 시 수업 서클 1 (야외수업)

<서클 준비>

1. **목적**: 국어 시간 시와 독자의 삶을 연결한다. 각자 학년 초에 겪는 마음의 상태나 고민 등을 계절과 학교 풍경을 연결 지어 나누며 서로를 공감한다.
2. **자리 배치 및 준비물**: 좌석 동그랗게 배치, 야외방석, 토킹스틱, 활동지, 종

<서클 활동>

3. **침묵으로 초대하기**: 종소리에 맞춰 잠시 침묵하는 시간을 갖겠습니다.
4. **체크인**: 오늘 아침 등굣길에 무엇을 보았나요? 어떤 풍경을 보았나요?
5. **시 활동지 작성하기**: 시와 질문이 적힌 활동지를 가지고 교정을 둘러본 후 마음에 드는 곳에 앉아 한 곳을 바라보며 활동지를 작성한다.
6. **우리들의 약속 확인하기**
   - 상대의 이야기 끝까지 들어주며 경청하기, 휴대전화 무음으로 하기 등
7. **전체 나눔질문으로 연결하기**
   · 나눔질문1 · 시 윤동주 〈자화상〉과 복효근 〈열여섯 야외수업〉[18]은 계절과 관련된 자연물을 통해 자신에게 일어나는 감정과 생각을 고백하듯 표현하고 있습니다. 이제 활동지에 각자 작성한 내용을 돌아가며 나누도록 할게요. 나눌 때는 학습지 2번에 종합해서 작성한 내용 중심으로 이야기하면 됩니다. 〈뒷면 활동지 참고〉
   · 나눔질문2 · 친구들의 이야기를 듣고 하고 싶은 말이나 추가로 떠오르는 경험이나 생각 등이 있나요? 떠오른 친구들이 이야기하면 됩니다.
8. **체크아웃**: 이야기를 나누고 나니 어떤가요? 새로운 배움이나 자신에 대해 알아 차려진 것이 있나요?

* 나눔 질문이 적힌 활동지를 주고, 작성할 시간을 준 후 돌아가며 나누기를 한다.

---
18) 복효근, 운동장 편지, 창비교육, p12.

<활동지>

* 시 윤동주 〈자화상〉과 복효근 〈열여섯 야외수업〉을 읽고, 다음 활동을 해보자.

1. 〈자화상〉과 〈열여섯 야외수업〉은 계절과 관련된 자연물을 통해 자신에게 일어나는 감정과 생각을 고백하듯 표현하고 있다. 다음 질문을 활용하여 자신을 들여다보자.

1) 교정 내 한곳에 머물러 자신이 바라본 봄의 풍경은 어떠한지 살펴보자.

2) 그 풍경들은 나에게 어떤 이야기를 들려주는가? 나에게 어떤 이야기를 하고 있는가?

3) 자신 안에서 무엇이 피어나고 있는가? 어떤 감정들과 생각들이 일어나는가?

4) 땅속에서 아직 봄을 기다리고 있는 자신의 모습은 어떤 것이 있는가? 앞으로 내 안에서 발견하고 싶은 것은 무엇인가?

2. 위의 질문에 답한 내용을 종합해서 적어 보자.

나 바라보기 시 수업 서클 2 (야외수업)

<서클 준비>

1. **목적**: 청소년시집은 기존 성인 시인이 청소년 시기 경험하고 겪게 되는 많은 고민과 어려움, 꿈과 도전, 기쁨과 절망, 우정과 사랑 등 다양한 주제와 정서를 담아 지은 작품들로 구성되어 있다. 시집에서 자신과 연관 지어 자기를 비출 수 있는 시를 찾아 현재 자신과 친구들의 다양한 감정과 생각을 공유하며 시를 감상한다.

2. **자리 배치 및 준비물**: 좌석 동그랗게 배치, 야외방석, 토킹스틱, 청소년 시집 30권, 활동지, 종

<서클 활동>

3. **침묵으로 초대하기**: 종소리에 맞춰 잠시 침묵하는 시간을 갖겠습니다.

4. **체크인**: 야외수업을 하는 지금 기분은 어떤가요?

5. **시 활동지 작성하기**: 고른 시집과 질문이 적힌 활동지를 가지고 교정을 둘러본 후 마음에 드는 곳에 앉아 시집을 읽고 활동지를 작성한다.

6. **우리들의 약속 확인하기**
 - 상대의 이야기 끝까지 들어주며 경청하기, 휴대전화 무음으로 하기 등

7. **전체 나눔질문으로 연결하기**

 · 나눔질문1 · 청소년시집은 기존 성인 시인이 청소년 시기 경험하고 겪게 되는 많은 고민과 어려움, 꿈과 도전, 기쁨과 절망, 우정과 사랑 등 다양한 주제와 정서를 담아 지은 작품들로 구성되어 있습니다. 이제 활동지에 각자 작성한 내용을 돌아가며 나누도록 할게요. 나눌 때는 고른 시를 낭송하고, 활동지 2번에 종합해서 작성한 내용 중심으로 이야기해 주면 됩니다. <뒷면 활동지 참고>

 · 나눔질문2 · 친구들의 이야기를 듣고 하고 싶은 말이나 추가로 떠오르는 경험이나 생각

등이 있나요? 떠오른 친구들이 이야기하면 됩니다.

8. **체크아웃**: 이야기를 나누고 나니 어떤가요? 새로운 배움이나 자신에 대해 알아차린 것이 있나요?

* 나눔 질문이 적힌 활동지를 주고 작성할 시간을 준 후 돌아가며 나누기를 한다.

<활동지>

* 청소년시집(30권) 중에 한 권을 골라 읽고, 다음 활동을 해보자.

1. 고른 시집 전체를 읽고, 자신에게 말을 걸어오거나 의미 있게 다가오는 시 한 편을 골라 다음 활동을 해보자.

1) 청소년시집에서 고른 시 한 편을 필사해보자.

2) 이 시는 나에게 어떤 말을 걸어오는가? 떠오르는 경험이나 이야기들이 있는가?

3) 이 시에서 의미 있게 다가오는 단어나 구절, 행과 연 등이 있다면 필사한 시에 밑줄을 긋고, 그 이유를 적어 보자.

2. 위의 질문에 답한 내용을 바탕으로 시의 내용을 이해하고, 자신과 연관 지어 종합해서 적어 보자.

성찰하는 글쓰기 수업 서클

<서클 준비>

1. **목적**: 사진(이미지 카드)을 활용하여 자신의 현재 모습과 바람을 표현하고, 다양한 감정과 생각 등을 공유하며 자신을 성찰하는 글을 작성한다.

2. **자리 배치 및 준비물**: 좌석 동그랗게 배치, 토킹스틱, 사진(이미지 카드 또는 이미지 스티커) 4~5세트(1세트: 사진(이미지 카드) 50장), 활동지, 종

<서클 활동>

3. **침묵으로 초대하기**: 종소리에 맞춰 잠시 침묵하는 시간을 갖겠습니다.

4. **체크인**: 어린 시절 처음 혼난 기억은? 그것으로부터 무엇을 배웠나요?

5. **우리들의 약속 확인하기**
   - 상대의 이야기 끝까지 들어주며 경청하기, 휴대전화 무음으로 하기 등

6. **모둠으로 모여 나눔질문으로 연결하기**
   - 모둠(4~5명)으로 책상을 배치하여 모둠당 사진 1세트를 배부하고 나눔질문에 따라 사진을 고르고 모둠원끼리 돌아가며 이야기를 나눈다.
   - 나눔질문1. 현재 자신의 삶을 잘 나타내고 있는 1~2개의 사진을 고르세요. 각각의 사진은 자신의 삶에 대해서 무엇을 구체적으로 말하고 있나요? 자신이 고른 사진을 설명하며 모둠원끼리 돌아가며 이야기를 나눠주세요.
   - 나눔질문2. 자신이 바라는 삶의 모습을 잘 나타내는 1~2개의 사진을 고르세요. 각 사진은 자신의 어떤 바람을 구체적으로 나타내고 있나요? 자신이 고른 사진을 설명하며 모둠원끼리 돌아가며 이야기를 나눠주세요.

7. **모둠활동을 마치고 활동 내용을 활동지에 작성하기** <뒷면 활동지 참고>

8. **전체 서클로 모여 나눔질문으로 연결하기**

- 나눔질문1 · 활동지에 각자 작성한 내용을 돌아가며 나누도록 할게요. 나눌 때는 고른 사진을 보여주며 활동지 2번에 종합해서 작성한 내용 중심으로 이야기하면 됩니다.
- 나눔질문2 · 친구들의 이야기를 듣고 하고 싶은 말이나 추가로 떠오르는 경험이나 생각 등이 있나요? 떠오른 친구들이 이야기하면 됩니다.

9. **체크아웃**: 이야기를 나누고 나니 어떤가요? 자신에 대해 알아차려 진 것이나 소감 등을 나눠볼까요?

<활동지>

1. 사진(이미지 카드)을 활용하여 성찰하는 글쓰기 활동을 해보자.

1) 현재 자신의 삶을 잘 나타내고 있는 1~2개의 사진을 고르고, 각각의 사진은 자신의 삶에 대해서 무엇을 구체적으로 말하고 있는지 적어 보자.

2) 자신이 현재 바라는 삶의 모습을 잘 나타내는 1~2개의 사진을 고르고, 각 사진은 자신의 어떤 바람을 구체적으로 나타내고 있는지 적어 보자.

2. 위의 질문에 답한 내용을 바탕으로 현재 자신의 모습과 바람을 글로 작성해 보자. (자신의 상황, 느낌, 생각, 바람 등을 구체적으로 표현하기)

삶의 나침반, 가치 나눔 서클

<서클 준비>

1. **목적**: 삶의 나아가야 할 방향이나 태도, 반성이나 깨우침의 재료가 되는 격언이나 명언, 글 속 문구(노래 가사나 시 구절 등)를 공유하며 중요하게 여기는 가치의 다양성과 경험 등을 나눈다.
2. **자리 배치 및 준비물**: 좌석 동그랗게 배치, 토킹스틱, 활동지, 종
3. 교사가 먼저 자기 삶의 나침반 문구를 <과제 활동지> 양식에 맞춰 소개하고, 학생들에게 각자 삶의 나침반 문구를 과제 활동지에 작성해서 오게 한다.

<서클 활동>

4. **침묵으로 초대하기**: 종소리에 맞춰 잠시 침묵하는 시간을 갖겠습니다.
5. **체크인**: 내가 좋아하는 노래나 그 가사는 무엇인가요?
6. **전체 나눔질문으로 연결하기**
   - 제시된 과제물을 확인하고 각자 작성해 온 활동지를 보며 이야기를 나눈다.
     · 나눔질문1 · 삶의 나침반이 되는 격언이나 명언, 글 속 문구(노래 가사, 시 구절 등)를 한 가지씩 돌아가며 이야기를 나눠주세요. 돌아가며 이야기할 때는 활동지 1~3번까지의 내용을 이야기하면 됩니다. <뒷면 활동지 참고>
     · 나눔질문2 · 친구들의 이야기를 듣고 그 문구가 자신에게는 어떻게 다가오나요? 하고 싶은 말이나 추가로 떠오르는 경험이나 생각 등이 있나요? 떠오른 친구들이 이야기하면 됩니다.
7. **체크아웃**: 이야기를 나누고 나니 어떤가요? 새롭게 알게 된 것이나 활동 소감 등을 나눠볼까요?

* 학생들이 각자 작성해 온 과제활동지를 학생 수만큼 복사해서 미리 배부하고 활동지를 보며 나눌 수도 있다.

* 매시간 수업 열기로 이 활동을 활용할 수도 있다.

<과제 활동지>

1. 삶의 나침반이 되는 격언이나 명언, 글 속 문구(노래 가사, 시 구절 등)를 한 가지씩 적어 보자. 삶의 나아가야 할 방향이나 태도를 알려주는 말, 반성하게 하거나 깨우침을 주는 말, 늘 되새기며 자신에게 가르침을 주는 말 등을 적는다.

2. 위의 말을 한 사람을 간단히 소개해보자.

3. 위의 내용이 자신에게 그러한 역할을 하는 이유나 관련된 경험 등을 적어 보자.

4. 1번의 내용과 유사한 격언(명언, 문구 등)을 더 찾아보자.

5. 위의 말과 관련된 책이나 자료 등을 소개해보자.

독서 질문 나눔 서클

<서클 준비>

1. **목적**: 인간의 본질과 삶의 태도 등을 다루는 주제별 공통 도서(텍스트)를 읽고, 친구들과 나누고 싶은 질문을 각자 뽑는다. 친구들이 뽑은 질문에 답하며 내용을 탐색하고 분석한다. 개인과 사회를 바라보는 관점과 가치 등을 나누고 서로의 경험과 생각을 공유한다.

2. **자리 배치 및 준비물**: 좌석 동그랗게 배치, 토킹스틱, 공통 도서(텍스트), 활동지, 종

3. 도서(텍스트)에 관한 질문은 교사가 질문형식 등을 미리 소개한다. 과제로 제시하여 각자 2~4개씩 질문을 뽑도록 하고, 교사가 질문을 종합하여 활동지로 배부한다.

<서클 활동>

4. **침묵으로 초대하기**: 종소리에 맞춰 잠시 침묵하는 시간을 갖겠습니다.

5. **체크인**: 지금 기분이 어떤가요?

6. **우리들의 약속 확인하기**
 - 상대의 이야기 끝까지 들어주며 경청하기, 휴대전화 무음으로 하기 등

7. **모둠으로 모여 나눔질문으로 연결하기**
 - 공통 도서(텍스트)를 함께 읽고, 모둠(4~5명)으로 책상을 배치하여 나눔질문에 따라 모둠원끼리 돌아가며 이야기를 나눈다.
   · 나눔질문1 · 공통 도서(텍스트)에서 인상적이거나 의미 있게 다가오는 단어나 구절, 문장이나 단락 또는 내용 등을 고르고, 모둠원끼리 그 이유나 관련된 자신의 경험 등을 돌아가며 이야기를 나눠주세요.
   · 나눔질문2 · 모둠원이 고른 인상적이거나 의미 있게 다가오는 내용이 자신에게는 어

떻게 다가오고 어떤 의미나 생각, 경험 등이 떠오르는지 돌아가며 나눠주세요.
8. 모둠활동을 마치고 도서(텍스트)와 관련된 질문(과제로 제시된 질문 수합)을 보고, 그 중 2가지를 선택하여 활동지에 작성하기 <뒷면 활동지 참고>
9. 전체 서클로 모여 나눔질문으로 연결하기
    · 나눔질문1 · 질문 2개에 답한 내용 중 1개를 골라 돌아가며 나누도록 할게요. 친구들과 더 나누고 싶은 내용을 하나 골라 말해 주세요. (활동지 질문 번호순으로 발표 순서를 정해도 됨)
    · 나눔질문2 · 친구들의 이야기를 듣고 하고 싶은 말이나 추가로 떠오르는 경험이나 생각 등이 있나요? 떠오른 친구들이 이야기하면 됩니다.
10. 체크아웃: 이야기를 나누고 나니 어떤가요? 새롭게 배운 거나 활동 소감 등을 나눠볼까요?

<활동지>

* 다음은 공통도서(텍스트)를 읽고 뽑은 질문을 정리한 것이다. 다음 질문 중 2개를 골라 아래 칸에 자기 생각을 작성해 보자.

(예시) [나는 나야 그렇지?] 중, '바보 같은 질문'[19]

1. 사람이 나이가 들면 가장 달라지는 점은?
2. 늙음의 척도는 무엇일까?
3. 10대를 보내며 자신도 모르게 변화해버린 점이 있다면?
4. 3년 전 나의 모습을 떠올린다면, 지금과 어떤 점들이 달라졌는가?
5. 나이를 먹는 것이 과연 좋을까?
6. 과거로 돌아갈 수 있다면 어느 때로 돌아갈 것인가?
7. 나이가 들면서 느꼈던 변화 중에서 제일 체감되었던 변화는?
8. 당신이 많이 컸다고 생각했던 때는 언제인가요?
9. 만약 '나이'를 살아온 시간에 따라 정하지 않는다면, 새로운 기준은 무엇이어야 할까?
10. '스스로 결정한다는 것'은 왜 성장의 이유로 여겨질까?

— 학생들이 만든 질문

1. 위의 질문 번호 00번

2. 위의 질문 번호 00번

---

19) 독일 바이에른 아동철학아카데미, 나는 나야 그렇지?, 김수정, 이미옥 옮김, 시금치, 2015, p67-70.

사회 이슈 나눔 서클

<서클 준비>

1. **목적**: 사회의 이슈를 떠올려보고 그것의 문제점과 해결 방법을 이야기하며 사회에 관한 관심을 키우고, 사회 구성원의 책임을 확인한다.
2. **자리 배치 및 준비물**: 좌석 동그랗게 배치, 토킹스틱, 종이(A4 1/4), 활동지, 종

<서클 활동>

4. **침묵으로 초대하기**: 종소리에 맞춰 잠시 침묵하는 시간을 갖겠습니다.
5. **체크인**: 지금 기분이 어떤가요? 지금 자신에게 가장 중요한 이슈는 무엇인가요?
6. **우리들의 약속 확인하기**
   - 상대의 이야기 끝까지 들어주며 경청하기, 휴대전화 무음으로 하기 등
7. **전체 중요한 사회 이슈 떠올리기 <뒷면 활동지 참고>**
   - 지금 내가 생각하는 우리 사회의 중요한 이슈는 무엇인지 떠올리게 하고, 종이(A4 1/4크기)에 한 단어로 크게 적게 한다. 예를 들어 '환경'이라고 작성한다.
8. **모둠으로 모여 나눔질문으로 연결하기**
   - 나눔질문1 · 자신이 적은 종이를 들고, 왜 그것이 중요한 이슈라고 생각하는지 이야기하세요.
   - 모둠원들이 적은 이슈 카드를 책상에 펼쳐 놓은 후 이 중 오늘 꼭 이야기 나누고 싶은 이슈 하나를 손가락 투표로 결정하게 한다.
   - 나눔질문2 · 모둠에서 선택한 이슈의 문제점이 무엇인지 돌아가며 이야기하세요.
   - 나눔질문3 · 이 이슈의 문제를 해결할 방법을 떠올려보고 돌아가며 이야기하세요.
9. **전체 서클로 모여 나눔질문으로 연결하기**

· 나눔질문1 · 모둠별로 모둠에서 선정한 이슈는 무엇이고, 찾은 문제점과 해결 방법을 돌아가며 이야기해 주세요.

· 나눔질문2 · 모둠의 이야기를 듣고 하고 싶은 말이나 추가로 떠오르는 경험이나 생각 등이 있나요? 떠오른 친구들이 이야기하면 됩니다.

10. **체크아웃**: 이야기를 나누고 나니 어떤가요? 새롭게 알게 된 것이나 활동 소감 등을 나눠볼까요?

<활동지>

1. 지금 내가 생각하는 우리 사회의 중요한 이슈는 무엇인지 그 이유와 함께 적어 보자.

　　1) 사회의 중요한 이슈:

　　2) 중요한 이슈라고 생각하는 이유:

2. 모둠의 대표 이슈를 적고, 그것의 문제점도 적어 보자.

　　1) 모둠의 대표 이슈:

　　2) 이슈의 문제점

　　　- 내 의견:

　　　- 모둠원 의견:

3. 모둠에서 선정한 이슈의 문제를 해결하는 방법을 적어 보자.

4. 다른 모둠의 대표 이슈와 문제점, 그 해결 방법까지 적어 보자.

   1) 1모둠:
    - 이슈:
    - 문제점:
    - 해결 방법:

   2) 2모둠:
    - 이슈:
    - 문제점:
    - 해결 방법:

   3) 3모둠:
    - 이슈:
    - 문제점:
    - 해결 방법:

주제 나눔 서클 1 (인권)

<서클 준비>

1. **목적**: 세계인권선언문을 살펴보고 인권 보호의 중요성과 필요성을 안다. 인권 보호를 위한 구체적 실천 방법을 찾는다.

2. **자리 배치 및 준비물**: 좌석 동그랗게 배치, 센터피스, 토킹스틱, 활동지, 종

<서클 활동>

4. **침묵으로 초대하기**: 종소리에 맞춰 잠시 침묵하는 시간을 갖겠습니다.

5. **체크인**: 지금 기분이 어떤가요? 인권의 종류 중 떠오르는 것을 한가지씩 이야기해 보세요.

6. **우리들의 약속 확인하기**
  - 상대의 이야기 끝까지 들어주며 경청하기, 휴대전화 무음으로 하기 등

7. **전체 나눔질문으로 연결하기**
  · 나눔질문1 · 세계인권선언문에서 각자에게 가장 중요하게 다가오는 내용을 고르고, 돌아가며 그 이유도 함께 이야기해 주세요.
  · 나눔질문2 · 친구들의 이야기를 듣고 자신에게는 어떻게 다가오고 어떤 의미나 생각, 경험 등이 떠오르는지 나눠주세요. 떠오르는 친구가 말하면 됩니다.

8. **모둠으로 모여 나눔질문으로 연결하기** <뒷면 활동지 참고>
  · 나눔질문1 · 세계인권선언문의 각 조항 중 자신의 삶에 영향을 주고 있는 것은 무엇이고, 잘 실현되고 있는 것과 잘 실현되고 있지 않은 것을 찾아 그 이유나 관련된 자신의 경험 등을 모둠원끼리 돌아가며 이야기 나눠주세요.
  · 나눔질문2 · 모둠원들의 잘 실현되고 있지 않은 인권 조항 중 오늘 이야기 나누고 싶은 조항을 하나 결정하세요. 그 권리를 보호하고 증진하기 위해 우리는 어떤 행동을 실천

할 수 있을지 이야기 나눠주세요.

- 나눔질문3 · 그 권리를 보호하기 위한 실천 행동을 할 때 고려해야 할 원칙은 무엇인가요? 그리고 그 원칙이 필요한 이유도 이야기 나눠주세요.

9. 전체 서클로 모여 나눔질문으로 연결하기

- 나눔질문1 · 모둠별로 모둠에서 선정한 인권 조항은 무엇이고, 보호할 수 있는 행동 실천을 돌아가며 이야기해 주세요.
- 나눔질문2 · 모둠의 이야기를 듣고 하고 싶은 말이나 추가로 떠오르는 경험이나 생각 등이 있나요? 떠오른 친구들이 이야기하면 됩니다.

10. 체크아웃: 이야기를 나누고 나니 어떤가요? 새롭게 알게 된 것이나 활동 소감 등을 나눠볼까요?

<활동지>

1. 세계인권선언문의 각 조항 중 자신의 삶에 영향을 주고 있는 것은 무엇이고, 잘 실현되고 있는 것과 잘 실현되지 않고 있는 것을 찾아 그 이유도 적어 보자.

   1) 자신의 삶에 영향을 주고 있는 것

   2) 잘 실현되고 있는 것

   3) 잘 실현되고 있지 않은 것

2. 모둠원들의 잘 실현되고 있지 않은 조항 중, 이야기 나눌 모둠 대표 조항을 하나를 골라 쓰자.

3. 그 권리를 보호하고 증진하기 위해 우리는 어떤 행동을 실천할 수 있을지 적어 보고, 그 권리를 보호하기 위한 실천 행동을 할 때 고려해야 할 원칙은 무엇인가요?

4. 다른 모둠의 대표 조항과 보호하기 위한 실천 방법, 행동 원칙을 적어 보자.

1) 1모둠:
- 대표 조항:
- 실천 방법:
- 행동 원칙:

2) 2모둠:
- 대표 조항:
- 실천 방법:
- 행동 원칙:

3) 3모둠:
- 대표 조항:
- 실천 방법:
- 행동 원칙:

주제 나눔 서클 2 (통일)

<서클 준비>

1. 목적: 통일을 바라보는 시각에서 자신에게 중요하게 다가오는 욕구를 찾아 발표하고, 통일에 대한 다양한 인식을 공유하고 수용한다.

2. 자리 배치 및 준비물: 좌석 동그랗게 배치, 센터피스, 토킹스틱, 활동지, 색지(A4 1/4), 네임펜, 종

<서클 활동>

4. 침묵으로 초대하기: 종소리에 맞춰 잠시 침묵하는 시간을 갖겠습니다.

5. 체크인: 지금 기분이 어떤가요? 자신이 좋아하는 색깔은 무엇인가요? 그 이유도 함께 말해 주세요.

6. 우리들의 약속 확인하기

 - 상대의 이야기 끝까지 들어주며 경청하기, 휴대전화 무음으로 하기 등

7. 전체 나눔질문으로 연결하기

  · 나눔질문 · 통일하면 떠오르는 장면이나 생각을 자유롭게 이야기해 주세요.

8. 모둠으로 모여 통일에 대한 인식 공유하기

  1) 통일하면 떠오르는 장면이나 생각을 활동지에 쓰고 그때의 느낌과 욕구를 적게 한다. 〈느낌, 욕구 목록표 참고〉, 〈활동지 참고〉

  - 교사가 먼저 통일하면 떠오르는 장면이나 생각이 무엇인지 말하고, 그와 관련된 느낌과 욕구를 표현하여 활동지 예시 자료로 활용한다.

  2) 모둠원끼리 자신이 적은 내용을 돌아가며 이야기한다.

  3) 통일과 관련해서 자신이 찾은 욕구 중, 가장 중요하게 다가오는 욕구를 색지에 적게 한다.

9. 전체로 모여 나눔질문으로 연결하기

- 나눔질문1 · 색지에 적은 욕구를 그 이유와 함께 돌아가며 이야기해 주세요.

- 욕구를 적은 색지를 센터피스 안에 차례로 놓는다.

- 나눔질문2 · 친구들의 이야기를 듣고 하고 싶은 말이나 추가로 떠오르는 경험이나 생각 등이 있나요? 혹은 친구의 욕구 중 새롭게 다가오는 욕구가 있나요? 떠오른 친구들이 이야기하면 됩니다.

10. 체크아웃: 센터피스에 놓인 통일과 관련한 다양한 욕구들을 확인하니 어떤가요?

오늘 수업 주제와 관련해 새롭게 알게 된 것이나 배운 점, 활동 소감 등을 나눠볼까요?

<활동지>

1. '통일'하면 떠오르는 장면이나 생각을 적어 보자.

   1)

   2)

   3)

2. 위의 장면이나 생각과 관련한 자신의 느낌과 욕구를 찾아 적어 보자.

떠오르는 장면	느낌	욕구
예) 금강산 관광	설레는, 재밌는, 희망찬	재미, 새로움, 기대, 희망

3. 2번에서 찾은 욕구 중에 가장 중요하게 다가오는 욕구 한 가지를 적어 보자.

4. 오늘 수업 주제와 관련해 새롭게 알게 된 것이나 배운 점 등 활동 소감을 적어 보자.

2. 자유학기제 주제선택수업 – 청소년평화수업

학교에서 상호존중과 경청을 기반으로 하는 서클대화는 교과수업뿐 아니라 학교의 모든 활동에서 안전하고 협력적인 배움을 이끌 수 있다. 배움은 안전한 공간에서 일어난다. 학교와 학급이 정서적으로나 신체적으로 안전한 공간이 되기 위해서는 모든 교육과정에 유기적으로 통합하여 이루어지는 것이 중요하다.

'청소년평화수업'이라는 이름으로 여러 서클을 활용하여 학생들과 자유학기제 수업이나 방과 후 수업 등에서 활용 가능한 활동을 소개하고자 한다.

우선 학기 초에는 새로 구성된 학급 학생들이 서로에 대해 알고 어색한 관계를 편안하게 전환할 수 있는 관계 형성 프로그램들이 필요하다. 그리고 자기를 이해하고 존중하는 경험을 해야 타인에 대한 이해도 커지므로 먼저 자신을 알고 사랑하는 활동이 배치된다.

자신에 대한 이해는 자기의 감정과 욕구를 아는 것부터 시작한다. 나아가 상대와 평화로운 방식으로 소통하고 관계 맺는 기술도 필요하다. 관계에서의 갈등은 자연스럽게 발생하는 것이므로 갈등을 어떻게 대하고 풀어갈 수 있을지 관련 프로그램이 진행된다.

안전한 공간에서 배움이 일어나는 데는 구성원 모두의 노력이 필요하며 학생들도 그 주체이다. 학급공동체를 학생들 스스로가 꾸려가기 위해서는 모두의 의견이 존중되고 반영되는 방식으로 학급회의를 진행하고, 그 결과에 함께 책임지는 문화 조성이 필요하다. 또한 자신의 요구를 제안하고 서로 동의 가능한 것들을 실천 약속으로 합의하여 학급 규칙을 세우고 함께 지켜가야 한다.

다음은 실제 자유학기제 수업 등으로 진행한 청소년평화수업을 주제와 활동 내용으로 나누어 20차시로 구성한 것이다.

서클의 구성요소인 센터피스, 토킹스틱, 열린질문, 침묵, 서클의 약속 등이 청소년평화수업에도 적용된다. 서클의 일반적인 흐름에 따라 여는 의식과 체크인, 약속 확인하기, 주제 활동, 체크아웃, 닫는 의식 등으로 진행된다. 체크인, 주제 활동, 체크아웃은 나눔질문을 통해 토킹스틱을 활용하여 모두 돌아가며 말한다.

현장에서의 진행은 주제의 특성이나 주어진 시간에 맞춰 재구성할 수 있다.

회차	주제	내용
1	마음열기	청소년평화수업 소개하기
2		숨은 친구 찾기
3		듣기 놀이
4	자기이해와 자아존중	나를 알고 표현하기
5		나를 사랑하고 격려하기
6		나만의 쉼터
7		시간여행
8	감정표현과 의사소통	느낌과 욕구 알기
9		느낌 빙고와 욕구 빙고
10		분노 다루기
11		비폭력대화 1 (나의 진심 표현하기)
12		비폭력대화 2 (상대의 진심 듣기)
13	갈등해결과 감사표현	갈등해결 1 (갈등전환요소)
14		갈등해결 2 (또래조정)
15		갈등해결 3 (회복적 서클)
16		감사하기
17	공동체로 나아가기	존중의 학급문화 만들기
18		학급규칙 세우기
19		학급회의 1 (서클 회의)
20		학급회의 2 (동의제 서클 회의)

마음 열기

· 1차시 _ 청소년평화수업 소개하기

<서클 준비>

1. **목적**: 수업의 의미와 진행 방식을 소개하고 지켜져야 할 약속 등을 확인한다.
2. **자리 배치 및 준비물**: 좌석 동그랗게 배치, 센터피스, 토킹스틱, 전지, 필기도구, 라벨지, 종
   * 긍정 형용사와 자기 이름을 결합해서 라벨지에 적어 가슴에 붙이도록 안내한다.

<서클 활동>

3. **침묵으로 초대하기**: 종소리에 맞춰 잠시 침묵하는 시간을 갖겠습니다.
4. **체크인**: 동그랗게 서클로 앉으니 기분이 어떤가요? 지금 느낌과 긍정 형용사를 붙인 이름을 이유와 함께 돌아가며 이야기해 주세요.
   예) 씩씩한 길동, 당당한 청이
5. **충전 놀이** (승패가 없이 모두가 즐길 수 있는 간단한 놀이로 준비한다.)
6. **전체 나눔질문으로 연결하기**
   · 나눔질문1 · 자유학기제 수업에 청소년평화수업이라는 주제를 들었을 때 어떤 생각이 들었나요?
   · 나눔질문2 · 어떤 수업이길 기대하나요? 어떤 내용으로 채워지길 바라나요?
7. **청소년평화수업 소개하기**
   1) 센터피스와 토킹스틱의 역할과 의미를 설명한다.
   2) 자신과 다른 사람을 더 잘 이해하고 존중하는 방법을 배운다.
   3) 갈등을 전환하는 방법과 존중의 학급 규칙 세우기 등을 배운다.

4) 평화로운 공동체를 위해 우리가 실천할 수 있는 방법을 익힌다.

5) 서로 배움을 통해 성장한다.

8. 우리들의 약속 정하기

1) 1학기 동안 안전하고 즐겁게 수업이 진행되기 위해 실천 약속을 제안받는다.

예) 서클에서 나온 이야기는 비밀, 뒷이야기 금지.' 등

2) 나온 제안들은 칠판에 적고, 동의를 확인한다.

3) 동의된 약속은 따로 전지에 정리한다.

4) 정해진 약속은 매시간 확인하며 수정이나 추가할 수 있음을 안내한다.

9. 체크아웃: 끝나고 나니 어떠한가요? 돌아가며 이야기해 주세요.

* 우리들의 약속 (예시)

· 말할 차례에 아직 준비되지 않았을 때 pass라고 말하기

· 재미나서 많이 웃더라도 Stop이라고 외치면 멈추기

· 상대방 이야기 끝까지 들어주기

· 필요한 것을 요청하기(화장실 등)

· 휴대전화는 꺼 놓기

· 서클에서 나온 이야기는 비밀, 뒷이야기 금지

· 2차시 _ 숨은 친구 찾기

<서클 준비>

1. **목적**: 구성원들의 특성을 새롭게 발견하여 유대를 강화한다.

2. **자리 배치 및 준비물**: 좌석 동그랗게 배치, 센터피스, 토킹스틱, 필기도구, 활동지, 종

<서클 활동>

3. **침묵으로 초대하기**: 종소리에 맞춰 잠시 침묵하는 시간을 갖겠습니다.

4. **체크인**: 학교를 음식으로 비유한다면 무엇으로 표현할 수 있을까요?

5. **우리들의 약속 확인하기**: 상대의 이야기 끝까지 들어주기, 비밀보호 등

6. **숨은 친구 찾기 활동**

   1) 활동 규칙을 안내한다.

      - 활동지를 가지고 돌아다니며 친구를 만난다.

      - 문제 하나당 한사람에게만 사인을 받는다.

      - 한 사람이 또 다른 문제에 사인할 수 없다.

      - 문제가 20개면 20명의 사람을 만난다.

   2) 필기도구와 활동지를 들고 돌아다니며 활동 규칙을 지켜 사인을 받는다. (활동시간을 정해 종소리 등으로 알려준다.)

   3) 전체 인터뷰 활동을 진행한다.

      - 20명 모두의 사인을 받은 친구 있나요? 15명 이상 받은 친구 있나요? 등 서명받은 개수를 확인한다.

      - 질문 몇 개를 골라 사인한 사람들에게 인터뷰를 요청해 구체적인 내용을 확인한다.
        예) 악기를 다루는 친구라면 어떤 악기를 다루나요? 가족이 5명 이상이면 구성원이 어떻게 되나요? 등

7. 전체 서클에서 나눔질문으로 연결하기

· 나눔질문1 · 친구에게 먼저 다가가서 물어보는 게 어떠했나요?

· 나눔질문2 · 숨은 친구 찾는 질문을 듣고 사인해 줄 때 어떠했나요?

· 나눔질문3 · 인터뷰 활동을 통해 새롭게 알게 된 것이나 중요하게 다가오는 것, 또는 어떤 어려움이 있었나요?

8. 체크아웃: 활동을 하고 나서 지금 어떤가요? 오늘 활동 중에 마음에 들었던 한 가지는 무엇인가요?

< 활동지 >

숨은 친구 찾기

* 교실을 돌아다니며 각 항목에 해당하는 사람을 찾아 직접 사인을 받으세요.

연번	항목	사인
1	비 맞으면서 놀아본 사람은?	
2	양손잡이인 사람은?	
3	세 가지 스포츠를 할 줄 아는 사람은?	
4	형제자매가 있는 사람은?	
5	유단자인 사람은?	
6	병원에 입원한 적 있는 사람은?	
7	몸에 흉터 있는 사람은?	
8	반려 식물이 있는 사람은?	
9	하루 이상 굶어본 사람은?	
10	친구 집에서 자본 적 있는 사람은?	
11	악기를 연주할 수 있는 사람은?	
12	보조개가 있는 사람은?	
13	바이킹 놀이기구 타 본 사람은?	
14	야구장 가본 사람은?	
15	산 정상에 올라가 본 사람은?	
16	자전거 탈 수 있는 사람은?	
17	랩할 줄 아는 사람은?	
18	수학 90점 이상 맞아본 사람은?	
19	매운 음식 잘 먹는 사람은?	
20	알레르기 있는 사람은?	

· 3차시 _ 듣기 놀이

<서클 준비>

1. **목적**: 말하기와 듣기 활동을 통해 경청과 소통의 중요성을 안다.

2. **자리 배치 및 준비물**: 좌석 동그랗게 배치, 센터피스, 토킹스틱, 종이, 필기도구, 종

<서클 활동>

3. **침묵으로 초대하기**: 종소리에 맞춰 잠시 침묵하는 시간을 갖겠습니다.

4. **체크인**: 오늘 기분은 어떤가요? 오늘 기분을 날씨로 표현해 주세요.

5. **우리들의 약속 확인하기**: 상대의 이야기 끝까지 들어주기, 비밀보호 등

6. **2명씩 등대고 말하기**

   1) A만 말하고 B는 들은 대로 표현하기

      - A, B 두 사람이 짝을 지어 등을 맞대고 앉는다.
      - A가 먼저 종이에 집 그림을 그린다. (A가 그린 그림을 B에게 설명)
      - A의 설명을 듣고 B는 그대로 그린다. (질문하거나 뒤돌아보지 않는다.)
      - B가 그린 그림을 서로 확인한다.
      - 역할을 바꿔 한 번 더 실시한다.

   2) A와 B가 둘 다 말하고 질문과 대답을 통해 확인하며 표현하기

      - A, B 두 사람이 짝을 지어 등을 맞대고 앉는다.
      - B가 먼저 종이에 집 그림을 그린다. (B가 그린 그림을 A에게 설명)
      - B의 설명을 듣고 A는 그대로 그린다. (뒤돌아보지 않고, 질문과 대답은 할 수 있다.)
      - A가 그린 그림을 서로 확인한다.
      - 역할을 바꿔 한 번 더 실시한다.

7. **전체로 모여 나눔질문으로 연결하기**

- 나눔질문1· 두 활동을 하고 나서 어떠한가요? 두 활동에서 어떤 차이를 느꼈나요?
- 나눔질문2· 이 활동을 통해 새롭게 알게 된 것이나 중요하게 다가오는 것, 자신에 대해 알아차리게 된 것, 또는 어떤 어려움 등이 있었나요?

8. 모둠으로 모여 '듣기와 안 듣기 활동하기'

   1) 안 듣기 활동

    - 4명이 모둠을 구성하여 서클로 앉는다. (A,B,C,D)
    - 각자 자기가 좋아하는 계절과 그 계절에 경험한 내용을 떠올리게 한다.
    - A부터 모둠원들에게 말한다. 이때 다른 모둠원들은 듣지 않는 태도를 취한다.
      (예: 하늘을 보거나 손톱을 만지작거리기, 거울을 보거나 옆 사람과 이야기하는 등)
    - B, C, D도 돌아가며 위와 같은 활동을 이어나간다.

   2) 듣기 활동

    - 4명이 모둠을 구성하여 서클로 앉는다. (A,B,C,D)
    - 각자 자기가 좋아하는 음식과 그 음식에 관련된 경험을 떠올리게 한다.
    - A부터 모둠원들에게 말한다. 이때 다른 모둠원들은 잘 듣는 태도를 취한다.
      (예: 침묵하며 끝까지 들어주기, 말하는 사람의 눈을 바라보기, 고개를 가끔 끄덕여 주기 등)
    - B, C, D도 돌아가며 활동을 이어나간다.

9. 전체로 모여 나눔질문으로 연결하기

   - 나눔질문1· 각각 활동할 때 어떤 기분이 들었나요? 두 활동을 하고 나서 어떤 차이들이 발견되었나요?
   - 나눔질문2· 이 활동을 통해 새롭게 알게 된 것이나 중요하게 다가오는 것, 자신에 대해 알아차리게 된 것은 무엇인가요?

10. 체크아웃: 친구의 이야기를 들을 때 실천해보고 싶거나, 기억하고 싶은 것 한 가지는 무엇인가요?

자기 이해와 자아 존중

· **4차시 _ 나를 알고 표현하기**

<서클 준비>

1. **목적**: 자신이 좋아하는 것, 자신만의 특징 등을 찾아보며 자신을 알고 이해한다.
2. **자리 배치 및 준비물**: 좌석 동그랗게 배치, 센터피스, 토킹스틱, 종이, 색연필 등 그림도구, 종

<서클 활동>

3. **침묵으로 초대하기**: 종소리에 맞춰 잠시 침묵하는 시간을 갖겠습니다.
4. **체크인**: 지금 기분은 어떤가요? 자신이 좋아하는 것을 한 가지 말해볼까요? 종류는 어떠한 것도 좋아요.
5. **충전 놀이**
6. **우리들의 약속 확인하기**: 상대의 이야기 끝까지 들어주기, 비밀보호 등
7. **나만의 SNS 프로필 이미지와 메시지 만들기**

    1) 먼저 자신이 좋아하는 것, 자신의 특징 등을 드러내는 이미지를 생각해보게 한다.

    2) 다음으로 좋아하는 문구나 자신을 알릴 수 있는 메시지를 생각해보게 한다.

    3) 색연필 등 그림 도구를 이용해 자신을 상징하는 이미지와 메시지를 종이에 표현하게 한다.

8. **전체 서클에서 나눔질문으로 연결하기**

    · 나눔질문1 · 각자 만든 프로필 이미지와 메시지를 보여주고 어떤 의미와 내용인지 설명해주세요.

    · 나눔질문2 · 이 활동을 통해 새롭게 알게 된 것이나 중요하게 다가오는 것, 자신에 대

해 알아차리게 된 것 등이 있었나요?

9. **체크아웃**: 활동을 하고 나서 지금 어떤가요?

(또는 간단한 박수치기 등의 놀이로 마무리할 수 있다.)

· 5차시 _ 나를 사랑하고 격려하기

<서클 준비>

1. **목적**: 자신에 대한 부정적인 생각을 긍정적인 생각으로 전환하여 나를 사랑하는 마음을 갖는다.

2. **자리 배치 및 준비물**: 좌석 동그랗게 배치, 센터피스, 토킹스틱, 종이, 필기도구, 종

<서클 활동>

3. **침묵으로 초대하기**: 종소리에 맞춰 잠시 침묵하는 시간을 갖겠습니다.

4. **충전 놀이**

5. **체크인**: 오늘 기분이 어떤가요? 자신이 다른 무언가로 변신할 수 있다면 어떤 것으로 변하고 싶나요? 이유는 무엇인가요?

6. **우리들의 약속 확인하기**: 상대의 이야기 끝까지 들어주기, 비밀보호 등

7. **자신의 장점 찾기**

   · 나눔질문 · 자신의 어떤 점을 좋아하나요? 자신의 특징 중 마음에 드는 것을 떠올려 보고 말해보세요. 성격, 습관, 행동 등 어떤 것도 좋아요.

8. **자신에 대해 불만족스러운 것 살펴보기**

   - 자신의 특징 중 좋아하지 않는 것 하나를 A4 종이에 크게 적게 한다. 성격, 습관, 행동 등을 떠오르게 한다.

   예) 늦잠을 잔다. 행동이 느리다 등

   · 나눔질문 · 적은 내용을 돌아가며 이야기해 주세요.

9. **자신에 대한 불만족스러운 점을 만족스러운 점으로 바꾸기**

   - 부정적으로 보았던 자신의 특징 안에 긍정적인 요소가 있는지 떠올리게 한다. 종이 뒷면에 긍정적으로 바꾸어 적게 한다.

예) 잠을 충분히 자서 하루 활동을 잘 할 수 있다. 신중하게 일을 처리한다 등

* 긍정적으로 바꾸기 어려워하는 학생이 있다면 교사와 옆 친구들의 도움을 받아 작성한다.

· 나눔질문 · 어떻게 긍정으로 바꾸었는지 구체적으로 이야기해 주세요.

10. **체크아웃**: 우리 모두에게 있었으면 하는 능력 한 가지를 마법사에게 요청한다면 무엇인가요? 예) 날 수 있는 것 등

· 6차시 _ 나만의 쉼터

<서클 준비>

1. **목적**: 나만의 쉼터를 상상으로 이미지화하여 긴장과 스트레스를 풀고, 휴식과 이완이 되도록 한다.

2. **자리 배치 및 준비물**: 좌석 동그랗게 배치, 센터피스, 토킹스틱, 종이, 색연필 등 그림도구, 종

<서클 활동>

3. **침묵으로 초대하기**: 종소리에 맞춰 잠시 침묵하는 시간을 갖겠습니다.

4. **체크인**: 지금 기분이 어떤가요? 학교에서 가장 마음에 드는 공간은 어디인가요?

5. **우리들의 약속 확인하기**: 상대의 이야기 끝까지 들어주기, 비밀보호 등

6. **쉼터 상상하기**

   1) 의자에 앉은 채 발은 바닥에 붙이고 손은 무릎에 올려놓게 한다.

   (바닥에서 활동할 수 있다면 누워서 활동해도 좋다.)

   2) 이완하기와 상상하기를 통해 나의 쉼터를 찾도록 교사가 안내한다.

   〈뒷면 안내자료 참고〉

7. **자신의 쉼터를 그림으로 그리기**

   - 상상을 통해 떠올린 자신의 쉼터를 그림으로 표현해보세요. 얼마나 잘 그리는지는 중요하지 않습니다. 자신이 떠올렸던 여러 가지를 포함해서 그려보세요. 그리고 쉼터에 제목을 붙여보세요.

8. **전체 나눔질문으로 연결하기**

   · 나눔질문 · 자신이 찾은 쉼터가 어떤 곳인지, 쉼터의 제목은 무엇인지 말해 주세요.

9. **체크아웃**: 오늘 수업을 통해 무엇을 알게 되었는지, 하고 나서 어떤지 이야기해 주세요.

[안내 자료]

* 상상 여행

지금부터 여러분은 선생님과 함께 아주 특별한 여행을 하게 될 것입니다. 여러분이 힘들 때 눈을 감으면 언제든지 찾아가 쉴 수 있는 '나만의 쉼터'를 만들 거예요. 선생님의 안내를 편안하게 따라오면 됩니다.

자세를 바르게 하고 두 눈을 감으세요.(천천히 안내한다) 눈을 감은 채 주위에서 들리는 소리에 집중해보세요. 가까운 곳에서 들리는 소리, 먼 곳에서 들리는 소리, 어떤 소리가 들리는지 알아차려 봅니다.(5초) 지금부터 어떤 소리가 들리면 알아차리고 주의를 다시 편안한 호흡으로 가져옵니다.

숨이 들어오고 나가는 것을 느껴보세요. 호흡마다 편안함으로 채워지는 몸을 느껴보세요. 눈, 코, 입, 귀, 목, 어깨, 팔, 손, 손가락, 가슴, 배, 엉덩이, 다리, 발, 발가락, 온몸이 편안해집니다.

이렇게 편안한 상태에서 여러분은 이제 내면 여행을 떠날 거예요.

여러분이 가장 안전하고 편안함을 느꼈던 순간을 떠올려 봅니다. (5초) 어디였나요? 주변을 둘러보세요. 무엇이 보이나요? 어떤 소리가 들리나요? 주변의 냄새와 향기는 어떤가요? 또 촉감은 어떤가요? 그곳에서 여러분은 어떻게 하고 있나요?

이제부터 그곳을 여러분이 힘들 때 언제든지 찾아가 쉴 수 있는 나만의 쉼터로 꾸밀 거예요. 여러분에게 필요한 것은 이제 무엇이든 상상하면 바로 나타납니다. 필요한 모든 것을 그곳으로 가져와 보세요. (10초) 잘 꾸며진 자신의 쉼터에 머물러봅니다. 기분이 어떤지, 몸의 상태는 어떤지, 마음껏 쉼과 자유를 누려봅니다.

이제 여러분의 쉼터에 작은 문을 만들어 보세요. 그 문은 현실과 통하는 문입니다. 언제든지 그 문을 열 수 있고 그곳에 가면 언제든지 쉴 수 있습니다.

여러분의 쉼터가 완성되면 천천히 돌아올 준비를 합니다. (3초)

하나, 둘, 셋 하면 그 문을 열고 이곳으로 돌아옵니다.

하나, 둘, 셋.

이제 눈을 뜨세요. 간단한 스트레칭을 해 보세요.

· 7차시 _ 시간여행

<서클 준비>

1. **목적**: 현재 자신의 위치에서 지나온 일들을 떠올려보고, 자신의 삶에서 무엇이 중요하게 다가오는지 살펴보고 표현한다.

2. **자리 배치 및 준비물**: 좌석 동그랗게 배치, 센터피스, 토킹스틱, 도화지, 색연필 등 그림도구, 종

<서클 활동>

3. **침묵으로 초대하기**: 종소리에 맞춰 잠시 침묵하는 시간을 갖겠습니다.

4. **체크인**: 지금 기분은 어떤가요? 오늘 등굣길에 있었던 일 중 기억나는 것이 있나요?

5. **우리들의 약속 확인하기**: 상대의 이야기 끝까지 들어주기, 비밀보호 등

6. **시간 여행하기**

   - 눈을 감고 내 인생이 강물이라면 어떨지 생각해 봅니다. 강물이 시작된 곳이 있듯이 여러분도 자신의 탄생부터 어린 시절, 유 초등학교를 거쳐 지금에 이르는 과정을 떠올려 봅니다. 샘물이 흘러 작은 시내가 되고 그 물이 모여 강물이 됩니다. 흐르는 강물의 여행을 떠올려 봅니다. 여행 중에 강물은 가끔 큰 바위를 만나기도 하고, 소용돌이치기도 하고, 폭포가 되어 흐릅니다. 여러분도 삶에서 만난 중요한 사건들을 떠올려보세요. 강물의 풍경에 여러분의 지나온 삶의 흔적들을 떠올려 봅니다. 이제 서서히 지금으로 돌아옵니다. 이제 눈을 뜨세요.

7. **시간여행을 강물 그림으로 그리기**

   - 시간여행에서 머물렀던 장면을 그림으로 표현하게 한다.
   - 자신의 인생을 강물로 표현한다면 어떻게 그릴 수 있을지, 원하는 모양과 색깔, 상징을 사용해 그리게 한다. 그림에 제목도 붙이게 한다.

8. 전체 나눔질문으로 연결하기

· 나눔질문 · 자신의 그림을 보여주고 설명해주세요. 제목은 무엇인지 말해 주세요.

9. 체크아웃: 오늘 수업을 통해 무엇을 알게 되었나요?

감정표현과 의사소통

· 8차시 _ 느낌과 욕구 알기

<서클 준비>

1. **목적**: 자신의 감정을 알아차리고, 감정과 욕구의 연관성을 안다.
2. **자리 배치 및 준비물**: 좌석 동그랗게 배치, 센터피스, 토킹스틱, 도화지, 색연필 등 필기도구, 종

<서클 활동>

3. **침묵으로 초대하기**: 종소리에 맞춰 잠시 침묵하는 시간을 갖겠습니다.
4. **체크인**: 오늘 기분을 어떤 색깔로 표현할 수 있을까요? 그 이유도 말해 주세요.
5. **우리들의 약속 확인하기**: 상대의 이야기 끝까지 들어주기, 비밀보호 등
6. **감정의 하트 그리기**

  1) 지난 며칠 동안 느꼈던 모든 감정을 떠올려보게 한다.
  - 그 느낌들이 가슴(하트)에 각각 어떤 색을 띠고, 어느 장소에, 어느 정도의 공간을 차지하는지 생각하게 한다.

  2) 종이에 하트를 크게 그리고 떠올린 감성을 그 안에 선과 색깔, 모양을 이용해서 그려보게 한다.
  - 표현된 느낌 이미지 안에 느낌 목록표를 참고해 느낌 단어를 적게 한다.
    (뒷면 느낌 목록표 참고)

  3) 자신이 실현되길 바라는 욕구를 떠올려보게 하고, 그 욕구를 하트 밖에 단어로 쓰게 한다. (뒷면 욕구 목록표 참고)

  4) 하트 안에 적어 넣은 느낌과 하트 밖에 적은 욕구를 선으로 연결 짓게 한다.

- 느낌과 직접 관련된 욕구를 연결하게 한다. 느낌은 욕구를 알려주는 신호임을 인식시킨다.

7. 전체 나눔질문으로 연결하기

· 나눔질문1 · 자신이 표현한 감정의 하트를 들고, 자신의 느낌과 연결된 욕구를 돌아가며 이야기해 주세요.

· 나눔질문2 · 자신의 감정과 욕구를 연결하고 표현하니 어떤가요? 새롭게 발견하거나 알아차린 게 있나요?

8. 체크아웃: 오늘 활동을 하고 나서 지금 어떤가요? 찾은 욕구 중에 중요하게 다가온 한 가지를 말해보세요.

〈느낌 욕구 목록표〉[20]

· 느낌 (Feeling)

A. 욕구가 충족되었을 때

고마운, 감사한, 감동한, 뭉클한, 감격스러운, 벅찬, 환희에 찬, 황홀한, 충만한, 즐거운, 유쾌한, 통쾌한, 흔쾌한, 경이로운, 상쾌한, 기쁜, 밝은, 반가운, 재미있는, 끌리는, 활기찬, 짜릿한, 신나는, 흥분된, 흥미로운, 매혹되는, 두근거리는, 기대되는, 들뜬, 궁금한, 사랑하는, 훈훈한, 정겨운, 다정한, 친근한, 뿌듯한, 산뜻한, 행복한, 따뜻한, 감미로운, 포근한, 푸근한, 만족스러운, 흡족한, 개운한, 후련한, 든든한, 흐뭇한, 편안한, 느긋한, 담담한, 친밀한, 긴장이 풀리는, 안심되는, 마음이 놓이는, 차분한, 침착한, 가벼운, 평화로운, 누그러지는, 고요한, 홀가분한, 여유로운, 진정되는, 잠잠해진, 평온한, 다행스러운, 기력이 넘치는, 기운이 나는, 용기 나는, 당당한, 살아있는, 생기가 도는, 생생한, 원기가 왕성한, 자신감 있는, 희망찬, 자신만만한, 힘이 솟는, 자랑스러운

B. 욕구가 충족되지 않았을 때

걱정되는, 암담한, 염려되는, 근심하는, 까마득한, 신경 쓰이는, 뒤숭숭한, 무서운, 섬뜩한, 오싹한, 짜증 나는, 불안한, 안절부절못하는, 꺼림칙한, 불쾌한, 겁나는, 두려운, 진땀 나는, 주눅 든, 긴장한, 조바심 나는, 떨리는, 조마조마한, 초조한, 불편한, 거북한, 곤혹스러운, 난감한, 겸연쩍은, 멋쩍은, 쑥스러운, 언짢은, 괴로운, 난처한, 창피한, 놀란, 민망한, 무안한, 당혹스러운, 부끄러운, 답답한, 갑갑한, 서먹한, 어색한, 찜찜한, 슬픈, 마음이 아픈, 그리운, 목이 메는, 서글픈, 먹먹한, 서러운, 쓰라린, 애끓는, 속 타는, 울적한, 참담한, 처참한, 한스러운, 비참한, 안타까운, 처연한, 서운한, 아쉬운, 김빠진, 애석한, 야속한, 낙담한, 냉담한, 섭섭한, 외로운, 고독한, 공허한, 허전한, 허탈한, 막막한, 주저하는, 망설이는, 쓸쓸한, 허한, 우울한, 무력한, 무기력한, 침울한, 후회스러운, 피곤한, 고단한, 노곤한, 따분한. 맥 빠진, 귀찮은, 억울한, 지겨운, 지루한, 실망스러운, 절망스러운, 좌절한, 힘든, 무료한, 성가신, 지친, 심심한, 질린, 정떨어지는, 어리둥절한, 혼란스러운, 마음이 두 갈래인, 멍한, 화나는, 속상한, 분한, 격분한, 약 오르는, 울화가 치미는, 분개한, 열 받는

---
[20] 캐서린 한, 비폭력대화 NVCI 워크북, 한국NVC센터, 2013.

· 욕구/필요 (Needs)

자율성
자신의 꿈, 목표, 가치를 선택할 자유,
자신의 꿈, 목표, 가치를 이루는 방법을 선택할 자유

신체적/생존
공기, 음식, 물, 주거, 휴식, 수면, 안전, 건강, 신체적 접촉(스킨십), 성적 표현, 따뜻함, 부드러움,
돌봄을 받음, 보호받음, 애착 형성, 자유로운 움직임(이동), 운동

사회적/정서적/상호의존
주는 것, 봉사, 친밀한 관계, 유대, 소통, 연결, 상호성(상호 의존), 공유, 배려, 존중, 공감, 연민, 이해,
수용, 지지, 협력, 도움, 감사, 인정, 승인, 사랑, 애정, 관심, 호감, 우정, 가까움, 나눔, 소속감, 공동체,
안도, 위안, 신뢰, 확신, 예측 가능성, 정서적 안정, 자기 보호, 자기돌봄, 일관성, 안정성

놀이/재미
즐거움, 재미, 유머, 흥

삶의 의미
기여, 능력, 도전, 명료함(투명성), 발견, 보람, 의미, 인생 예찬(축하, 애도), 기념, 깨달음, 자극,
주관을 가짐(자신만의 견해나 사상), 독립, 자립, 자율성, 혼자만의 시간, 중요하게 여겨짐, 참여,
회복, 효능(효율), 희망, 열정

진실성
정직, 진실, 성실성, 온전함, 현존, 진정성, 존재감, 일치, 개성, 자기 존중, 비전, 꿈

아름다움/평화
아름다움, 평탄함, 홀가분함, 여유, 편안함, 평등, 조화, 질서, 평화, 영적 교감, 영성, 영감

자기 구현
성취, 배움, 생산, 성장, 숙달, 전문성, 목표, 창조성, 치유, 가르침, 자각, 자기표현, 자신감, 자기 신뢰

· 9차시 _ 느낌 빙고와 욕구 빙고

<서클 준비>

1. **목적**: 느낌 단어와 욕구 단어를 익히고, 자신의 느낌과 욕구를 알아차리는 연습을 한다.
2. **자리 배치 및 준비물**: 좌석 동그랗게 배치, 센터피스, 토킹스틱, 빙고 활동지, 필기도구, 종

<서클 활동>

3. **침묵으로 초대하기**: 종소리에 맞춰 잠시 침묵하는 시간을 갖겠습니다.
4. **체크인**: 지금 느낌은 어떤가요? 기분이 좋을 때 어떤 감탄사를 외치나요? 예) 앗싸!
5. **우리들의 약속 확인하기**: 상대의 이야기 끝까지 들어주기, 비밀보호 등
6. **느낌 빙고 <느낌 목록표 참고>**

    1) 빙고판에 '느낌 목록표'를 보고 느낌 단어들을 각자 채운다.
    2) 빙고 놀이 진행 규칙을 안내한다.
    - 빙고판에 작성한 감정 단어를 바로 말하는 것이 아니라 그 느낌이 들게 했던(하는) 경험을 표현한다.
    예) '기대되는'를 써 놓았다면, "급식메뉴에 치킨이 나온다고 할 때 나는 이런 느낌이야."라고 말하고 다른 친구들은 그 느낌을 추측해서 맞춘다.
    - 빙고판에 그 느낌 단어를 색칠한다.
    - 느낌 단어를 맞춘 학생이 놀이를 계속 이어나간다. (또는 학급 번호순, 앉은 순서대로 이어갈 수도 있다.)
    - 36칸 빙고판에 6줄(가로, 세로, 대각선)을 먼저 완성한 사람이 손을 들고 "빙고"를 외친다.

7. 욕구 빙고 <욕구 목록표 참고>

1) 빙고판에 욕구 목록표를 보고 욕구 단어들을 각자 채운다.

2) 빙고 놀이 진행 규칙을 안내한다.

- 빙고판에 작성한 욕구 단어를 바로 말하는 것이 아니라 그 욕구가 중요했던 경험을 표현한다. (느낌 단어까지 추가해서 말하기를 권장한다.)

예) '존중'을 써 놓았다면, "친구랑 약속했는데 부모님이 가족여행을 예약해놓았다고 할 때 나는 화가 나고 서운해. 나에겐 이 욕구가 중요하거든"이라고 경험과 느낌을 말하고 다른 친구들은 욕구를 추측해서 맞춘다.

- 빙고판에 그 욕구 단어를 색칠한다.

- 욕구 단어를 맞춘 학생이 놀이를 계속 이어나간다. (또는 학급 번호순, 앉은 순서대로 이어갈 수도 있다.)

- 25칸 빙고판에 5줄(가로, 세로, 대각선)을 먼저 완성한 사람이 손을 들고 "빙고"를 외친다.

8. 전체로 모여 나눔질문으로 연결하기

· 나눔질문1 · 느낌 단어를 보고 경험으로 표현하기가 어땠나요? 욕구 단어를 보고 경험과 느낌으로 표현하기가 어땠나요?

· 나눔질문2 · 친구들의 경험을 듣고 느낌과 욕구를 찾기가 어땠나요?

· 나눔질문3 · 느낌 단어나 욕구 단어에 대해 새롭게 알게 된 것이 있나요?

9. 체크아웃: 간단한 충전놀이로 마무리한다.

<활동지>

· 느낌 빙고

· 욕구 빙고

· 10차시 _ 분노 다루기

<서클 준비>

1. 목적: 분노의 감정을 알고, 분노를 억누르지 않고 안전하게 표현하는 방법을 찾는다.
2. 자리 배치 및 준비물: 좌석 동그랗게 배치, 센터피스, 토킹스틱, 도화지, 색연필 등 그림도구, 활동지, 종

<서클 활동>

3. 침묵으로 초대하기: 종소리에 맞춰 잠시 침묵하는 시간을 갖겠습니다.
4. 체크인: 지금 기분이 어떤가요? 주로 어떤 경우에 화가 나나요?
5. 우리들의 약속 확인하기: 상대의 이야기 끝까지 들어주기, 비밀보호 등
6. 나의 분노 그리기

   - 자신의 분노를 자신만의 색깔이나 모양으로 표현하게 하고, 제목도 쓰게 한다.

     · 나눔질문 · 자신이 표현한 분노를 보여주며 설명해 주세요.

7. 나의 분노 표현하기 <뒷면 활동지 활용>

   1) 화가 났던 상황을 생각해보세요. 자신이 어디에 있었고, 거기에 누가 있었으며, 그 사람은 어떤 표정을 하고 있나요? (활동지 1번)

   2) 화가 날 때 무슨 생각이 드나요? (활동지 2번)

   3) 화가 났던 순간에 자신이 진심으로 원했던 것은 무엇인가요? (활동지 3번)

   4) 상대가 어떻게 해주길 바라나요? 하고 싶은 말이나 부탁을 적어 보세요. (활동지 4번)

   5) 위의 내용을 문장으로 정리해보세요. (활동지 5번)

     예) 내 옷을 언니가 허락 없이 입고 간 걸 알았을 때 난 몹시 화가 났어. 난 언니가 날 존중하길 바라. 앞으로 내 옷이 필요할 때 내게 말해줘.

8. 전체 모여 나눔질문으로 연결하기

· 나눔질문 · 활동지 5번에 작성한 내용을 돌아가며 그 상대에게 말하듯이 말해보세요.

9. **체크아웃** : 활동을 하고 나서 어떤가요? 이 활동을 통해 새롭게 알게 된 것이나 중요하게 다가오는 것, 자신에 대해 알아차리게 된 것 등이 있나요?

<활동지>

〈분노 다루기〉

1. 분노의 상황

2. 떠오르는 머릿속 생각 적기

3. 나의 욕구 (그때 내가 원한 것, 필요한 것)

4. 상대가 어떻게 해주기를 바라나요?

5. 상대에게 표현해보기 (문장으로 완성해보기)

· 11차시 _ 비폭력대화 1 (나의 진심 표현하기)

<서클 준비>

1. 목적: 비폭력대화의 네 가지 요소와 단계를 활용하여 솔직하게 자신의 진심을 표현한다.

2. 자리 배치 및 준비물: 좌석 동그랗게 배치, 센터피스, 토킹스틱, 활동지, 필기도구, 종

<서클 활동>

3. 침묵으로 초대하기: 종소리에 맞춰 잠시 침묵하는 시간을 갖겠습니다.

4. 체크인: 지금 느낌을 한 문장으로 표현해 주세요. ("~해서 ~한 느낌입니다.")
    예) 내일이 휴일이라 놀 수 있어 기대됩니다.

5. 우리들의 약속 확인하기: 상대의 이야기 끝까지 들어주기, 비밀보호 등

6. 비폭력대화로 자신을 솔직하게 표현하기 <활동지 참고>

    1) 비폭력대화의 첫 번째 요소인 관찰을 연습합니다. 활동지 1번에 상대의 말이나 행동이 자신에게 상처가 되었던 것을 떠올리며 구체적으로 한 가지를 적어 보세요. 상대는 누구라도 괜찮습니다.

    - 관찰은 상대의 말과 행동을 있는 그대로 객관적으로 표현하는 것, 평가는 주관적인 생각, 편견, 가정, 비난 등을 표현하는 것

    예) 평가: 지각하다 → 관찰: 등교 시간이 8시인데 8시 30분에 학교에 왔다.

    2) 활동지 2번에 그때의 느낌을 모두 찾아서 적어주세요. 3번에 느낌과 연결된 욕구도 모두 찾아 적어주세요. <느낌, 욕구 목록표 참고>

    3) 활동지 2번, 3번에서 찾은 느낌과 욕구 중에 가장 중요하게 다가오는 것 1~2개 골라 동그라미 하세요.

    4) 활동지 4번에 부탁하고 싶은 것을 찾아 구체적이고 긍정적인 표현으로 적어주세요.

5) 활동지에 나와 있는 예시를 참고하여 자신이 작성한 내용을 종합하여 5번에 적어 보세요.

7. 전체로 모여 나눔질문으로 연결하기

· 나눔질문 · 활동지 5번에 작성한 내용을 돌아가며 그 상대에게 말하듯이 표현해보세요.

8. 체크아웃 : 오늘 자신에게 도움이 되었던 것은 무엇인가요? 이 활동을 통해 새롭게 알게 된 것이나 중요하게 다가오는 것, 자신에 대해 알아차리게 된 것 등이 있었나요?

〈활동지〉

〈비폭력대화로 진심 표현하기〉
관찰 - 느낌 - 욕구 - 부탁

---

1. 나에게 자극이 되었던 상대의 말이나 행동을 구체적으로 쓰기(관찰)

예) "네 형은 알아서 잘하는데 너는 누굴 닮아 그 모양이니?"라고 엄마가 말할 때

---

2. 그 말을 듣거나 행동을 보았을 때 드는 느낌 적기 (느낌)

예) 억울하고, 서운하고, 서럽고, 화나는 등

---

3. 그때 내가 원한 것, 필요한 것, 중요하게 여긴 것 적기 (욕구)

예) 사랑, 인정, 존중, 따뜻함, 수용, 자신감, 능력 등

---

4. 상대가 어떻게 해주기를 바라는지 구체적인 방법 적기 (부탁)

예) 저에 대해 말씀하실 때 형은 빼고, 제 얘기만 해주세요.

---

5. 상대에게 표현해보기(문장으로 완성해보기) - 위의 1.2.3.4 전체를 이어서 써보기

예) 엄마가 형은 알아서 잘하는데 너는 누굴 닮아 그 모양이니? 라고 하셨을 때, 저는 서운하고 서러웠어요. 저도 엄마에게 사랑받고 싶고, 따뜻한 말로 존중받고 싶어요. 엄마, 다음에는 저에 대해 말씀하실 때 형 빼고, 제 얘기만 해주시면 어떨까요?

· 12차시 _ 비폭력대화 2 (상대의 진심 듣기)

<서클 준비>
1. **목적**: 비폭력대화의 네 가지 요소와 단계를 활용하여 상대의 진심을 듣고 공감한다.
2. **자리 배치 및 준비물**: 좌석 동그랗게 배치, 센터피스, 토킹스틱, 활동지, 필기도구, 종

<서클 활동>
3. **침묵으로 초대하기**: 종소리에 맞춰 잠시 침묵하는 시간을 갖겠습니다.
4. **체크인**: 세 가지 소원을 말한다면? 한 가지도 좋아요.
5. **우리들의 약속 확인하기**: 상대의 이야기 끝까지 들어주기, 비밀보호 등
6. **모둠으로 상대의 느낌과 욕구를 추측하기(3~4명)**
   1) 상대의 말이나 행동이 자신에게 상처가 되었던 것을 떠올려보고, 그때 상대가 했던 말과 행동을 관찰로 표현한다.
   2) A가 먼저 자신이 자극받았던 상황을 이야기한다.
   3) B, C, D는 들은 내용을 활동지 '모둠원 1 상황' 칸에 적는다.
   4) B, C, D는 A의 느낌과 욕구를 추측해서 모두 찾아 적고, 찾은 것 중에 가장 중요하게 다가오는 1~2개를 골라 각각 동그라미 한다. 〈느낌, 욕구 목록표 참고〉
   5) 활동지 '공감 표현' 상황과 느낌, 욕구를 종합하여 적는다.
   예) 친구가 전학 간다고 말할 때(상황, 관찰) 너는 친구와 오랫동안 함께 지내고 싶어서 (욕구) 서운하고 섭섭했니(느낌)?
   6) 모둠원끼리 돌아가며 자신의 상황을 말하고 활동지를 작성한다.
7. **모둠으로 상대 공감하기**
   - 위의 6번 활동에 이어서 모둠이 계속 활동한다.
   1) A가 자신이 자극받았던 상대의 말과 행동을 친구들에게 표현한다.
      예) A- 내 친구가 전학 간다고 했어.

2) B, C, D는 차례로 돌아가며 활동지에 작성한 '공감 표현'을 A에게 말한다.

예) 친구가 전학 간다고 말할 때(상황, 관찰) 너는 친구와 오랫동안 함께 지내고 싶어서(욕구) 서운하고 섭섭했니(느낌)?

3) A는 모둠원의 공감 표현을 모두 듣고 난 후, 그때 자신의 느낌과 욕구가 어떠했는지 확인하고 표현한다. (예: 친구가 전학 간다고 할 때(관찰) 나는 서운하기도 했고, 슬프고 아쉬웠어.(느낌) 그 친구와 오랫동안 헤어지지 않고 친하게 지내고 싶었거든. (욕구)

4) 모둠원끼리 위의 활동을 돌아가며 한다.

8. 체크아웃 : 오늘 활동을 통해 자신에게 도움이 되었거나 새롭게 알게 된 것은 무엇인가요?

<활동지>

<비폭력대화로 상대 공감하기>
관찰, 느낌, 욕구까지 표현하기

· 예시

상황	엄마에게서 "형은 잘하는데 너는 왜 그 모양이냐"는 말을 들었을 때(관찰)
느낌, 욕구 찾기	1) 느낌 - 억울하고, 서운하고, 서럽고, 화나는 2) 욕구 - 사랑, 인정, 존중, 따뜻함, 수용, 자신감, 능력 등
공감 표현	어머니에게서 형은 잘하는데 너는 왜 그러냐는 말을 들었을 때(관찰), 당신은 서운하고 화도 났군요.(느낌) 당신은 어머니에게서 인정받고 싶고, 잘 할 수 있다는 따뜻한 말도 듣고 싶나요?(욕구)

· 모둠원1

상황	
느낌, 욕구 찾기	1) 느낌 - 2) 욕구 -
공감 표현	

· 모둠원2

상황	
느낌, 욕구 찾기	1) 느낌 - 2) 욕구 -
공감 표현	

· 모둠원3

상황	
느낌, 욕구 찾기	1) 느낌 - 2) 욕구 -
공감 표현	

갈등 해결과 감사 표현

·13차시 _ 갈등 해결 1 (갈등 전환 요소)

<서클 준비>

1. **목적**: 실제 자신에게 일어난 갈등 사례를 찾고, 갈등을 일으키는 보편적 요인과 갈등을 평화롭게 전환하고 해결할 수 있는 요소들을 찾아본다.
2. **자리 배치 및 준비물**: 좌석 동그랗게 배치, 센터피스, 토킹스틱, 활동지, 2절지, 매직펜, 필기도구, 종

<서클 활동>

3. **침묵으로 초대하기**: 종소리에 맞춰 잠시 침묵하는 시간을 갖겠습니다.
4. **체크인**: 지금 느낌은 어떤가요? 어린 시절 생각나는 친구와 떠오르는 장면 한가지는?
5. **우리들의 약속 확인하기**: 상대의 이야기 끝까지 들어주기, 비밀보호 등
6. **전체 서클로 갈등 사례 찾기**

    ·나눔질문·갈등하면 떠오르는 이미지나 연상되는 장면이 있나요? 갈등에 어떻게 반응하고, 어떤 방식으로 해결하나요?

7. **모둠으로 모여 갈등 사례 찾기**

    - 4~5명으로 모둠을 구성한다.

    1) 한 명씩 돌아가며 최근에 자신에게 있었던 갈등 사례를 한가지씩 이야기한다.

    2) 공평하게 시간을 쓰기 위해 한 사람당 3분 정도 일정한 시간을 부여한다.

    3) 갈등 사례 이야기 중 모둠 대표 사례를 한 가지 선정한다.

    4) 선정한 후 <뒷면 양식 1>을 참고하여 2절지에 간단히 정리한다.

8. **갈등 증폭 요인과 갈등 전환 요소 찾기**

1) 모둠별로 정리한 갈등 사례를 나와서 설명해 주겠어요? 간단히 정리된 내용만을 바탕으로 이야기해 주세요. (2절지를 들고 발표하고, 발표 후에는 칠판에 부착한다.)

2) 모둠별로 발표한 사례에서 어떠한 요소들이 갈등을 일으키고 증폭한다고 생각하나요? 떠오른 사람이 먼저 말해 주면 됩니다.

 - 칠판에 〈뒷면 양식 2〉에 따라 발표된 내용을 교사가 적는다.

3) 갈등이 모두 평화롭게 해결되었다면 그 결과는 어떤 모습으로 보일까요? 가령 '웃음이 나온다.' 등입니다. 떠오른 사람이 먼저 말해 주면 됩니다.

4) 갈등을 증폭시키는 요인에서 갈등이 평화롭게 해결되는 모습으로 가기 위해서 어떠한 것들이 도움이 될까요? 갈등 전환을 위해 필요한 요소는 무엇일까요? 떠오른 사람이 먼저 말해 주면 됩니다.

9. 체크아웃: 활동을 하고 나서 지금 어떤가요? 오늘 활동에서 나에게 다가온 것은 무엇인가요?

<활동지>

1. 모둠 대표 갈등 사례 작성 양식

(1) 상황

예) A와 B가 쉬는 시간에 가위바위보를 해서 지면 손목 맞기를 함.

(2) 오고 간 구체적인 말과 행동(시나리오처럼 기록)

예) A: (손목을 세게 때리며) 어때, 아프지!

　　B: (A를 밀치며) 야, 그렇게 세게 때리면 어떻게 해.

　　A: xx, 나를 밀쳐?

　　B: 너 나한테 욕했어?

(3) 결과

예) 말싸움을 한 후, 서로 말을 하지 않고 여전히 화나 있음.

2. 갈등 전환 요소 칠판 정리 양식

갈등을 증폭시키는 요인	→ 갈등 전환 요소 →	평화로운 갈등 해결 모습

·14차시 _ 갈등 해결 2 (또래 조정)

<서클 준비>

1. 목적: 또래 조정자와 갈등을 겪는 친구들이 둘러앉아, 일어난 일에 대한 객관적인 상황 이해와 서로의 느낌과 욕구를 기반으로 대화한다. 구체적인 실천 약속을 정해 또래 스스로 평화롭게 갈등을 해결한다.
2. 자리 배치 및 준비물: 좌석 동그랗게 배치, 센터피스, 토킹스틱, 또래 조정 활동지, 필기도구, 종

<서클 활동>

3. 침묵으로 초대하기: 종소리에 맞춰 잠시 침묵하는 시간을 갖겠습니다.
4. 체크인: 지금 느낌은 어떤가요? 지금 마음의 상태를 1부터 10까지 숫자로 표현한다면? 그 이유도 함께 말해 주세요.
5. 우리들의 약속 확인하기: 상대의 이야기 끝까지 들어주기, 비밀보호 등
6. 전체 나눔질문으로 연결하기
    · 나눔질문 · 갈등을 해결한 경험이 있었나요? 해결하는 데 무엇이 도움이 되었나요?
7. 전체 서클로 갈등 사례 찾기
    1) 가까운 사람(가족, 친구 등)과 갈등이 일어났던 상황을 생각해보세요. 누구와의 갈등이 떠오르나요? 간단하게 이름만 적어주세요. 〈뒷면 활동지 1번〉
    2) 갈등이 일어나게 한 말이나 행동, 자신은 어떻게 대응했는지를 떠올려보세요. 짧은 영화 시나리오처럼 갈등을 발생시킨 말과 행동을 적어 보세요. 〈뒷면 활동지 1번〉
8. 교사가 먼저 또래 조정자의 역할을 예로 보여준다. 학생 두 명을 초대해 함께 역할극을 진행하면서 설명해도 된다.

- 교사는 또래 조정 활동지에 적혀있는 다섯 가지 질문을 그대로 읽는다.

〈뒷면 활동지 2번〉

1) 무슨 일이 일어났나요? 구체적인 말과 행동으로 표현해 주세요.

2) 그때 어떤 느낌이 들었나요?

3) 무엇을 원했나요?

4) 두 사람 모두를 만족시킬 방법은 무엇이 있을까요? 방법을 구체적으로 제안해 주세요.

5) 두 사람 모두 이 제안에 만족하나요?

9. 모둠으로 모여 역할극으로 또래 조정 연습하기

- 3명으로 모둠을 구성한다. (A는 또래 조정자, B와 C는 갈등 당사자)
- 〈또래 조정 활동지 1번〉에 썼던 각자의 갈등 사례로 활동한다.

1) A가 먼저 또래 조정자가 되고, B의 사례로 역할극을 한다. B는 자신의 역할을, C는 B의 갈등 상대 역할을 맡는다.

- B는 자신의 갈등 사례를 간단히 모둠원에게 소개한다. (활동지 1번에 작성한 것)

2) A는 B의 활동지를 들고 B, C에게 〈또래 조정 활동지 2번〉에 나온 순서대로 질문한다. B의 활동지 2번에 B, C의 대답을 적어가며 진행한다.

3) B, C는 A의 질문에 따라 그 역할이 되어 대답한다.

4) A는 B의 활동지를 B에게 돌려준다.

5) 역할을 바꾸어 활동을 이어나간다.

- 모둠별 활동이 끝나면 모둠별로 시범을 보이는 시간을 가질 수도 있다.

10. 전체 서클로 모여 나눔질문으로 연결하기

· 나눔질문1 · 또래 조정자의 경험이 어떠했나요?

· 나눔질문2 · 자신의 갈등 사례를 또래 조정자의 도움을 받아 진행해보니 어떠했나요?

· 나눔질문3 · 이 방법이 자신에게 어떠했나요? 어떤 배움이 있었나요?

11. 체크아웃: 간단한 충전 놀이로 활동을 마무리한다.

<활동지>

〈또래 조정 활동지〉

| 1. 나의 갈등 사례를 영화 시나리오처럼 대사와 행동으로 적기(부모, 친구, 형제 등과의 갈등)
- 장소나 관련 인물, 상황 등을 앞부분에 간단히 쓰고 시작해도 됨. | 2. 또래 조정으로 평화롭게 갈등 해결

1) 또래 조정자: 무슨 일이 일어났나요? 구체적인 말과 행동으로 표현해 주세요.
A:
B:

2) 또래 조정자: 그때 어떤 느낌이 들었나요?
A:
B:

3) 또래 조정자: 무엇을 원했나요? (욕구)
A:
B:

4) 또래 조정자: 두 사람 모두를 만족시킬 방법은 무엇이 있을까요? 방법을 구체적으로 제안해 주세요.
A:
B:

5) 또래 조정자: 두 사람 모두 이 제안에 만족하나요?
A:
B: |

· 15차시 _ 갈등 해결 3 (회복적 서클)

<서클 준비>
1. **목적**: 회복적 서클 방식으로 진행자와 갈등 당사자들이 한자리에 앉아 서로가 원하는 것을 진심으로 듣고 표현한다. 실천할 약속을 정해 갈등을 평화롭게 해결한다.
2. **자리 배치 및 준비물**: 좌석 동그랗게 배치, 센터피스, 토킹스틱, 회복적 서클 진행지, 종

<서클 활동>
3. **침묵으로 초대하기**: 종소리에 맞춰 잠시 침묵하는 시간을 갖겠습니다.
4. **체크인**: 지금 느낌은 어떤가요? 좋아하는 캐릭터(영화, 만화, 소설 등)는 무엇이고, 어떤 점이 마음에 드나요?
5. **우리들의 약속 확인하기**: 상대의 이야기 끝까지 들어주기, 비밀보호 등
6. **나눔 질문으로 돌아가며 연결하기**

    · 나눔질문 · 오늘도 갈등에 대한 이야기를 나눌 건데요. 최근에 누구와 무슨 일로 불편했는지 아주 사소한 갈등도 좋습니다. 돌아가며 이야기할까요?

7. **전체 회복적 서클 경험하기**

    1) 위의 나눔질문1에서 나온 갈등 사례 중 하나를 선정한다.
    2) 갈등 당사자와 상대 역할을 정하고, 두 친구를 원 가운데로 초대한다.
    3) 교사는 진행자가 되어 회복적 서클을 진행한다. 지원한 두 학생은 A, B가 된다.
    〈뒷면 회복적 서클 진행지 참고〉

    질문1: 무슨 일이 있었나요? 누가 먼저 이야기할까요?
    　　　　무엇을 들었나요? 그것이 맞나요? 더 하고 싶은 이야기가 있나요?
    질문2: 그 일이 일어난 후, 여러분 각자는 지금 어떤 심정인가요? 누가 무엇을 알아주었으면 하나요?

무엇을 들었나요? 그것이 맞나요? 더 하고 싶은 이야기가 있나요?

질문3: 그 일이 생겼을 때 진심으로 원하던 것은 무엇인가요?

누가 무엇을 알아주었으면 하나요?

무엇을 들었나요? 그것이 맞나요? 더 하고 싶은 이야기가 있나요?

질문4: 앞으로 어떤 관계로 지내기를 바라나요?

질문5: 바라는 일들을 이루기 위해 내가 할 수 있는 것은 무엇인가요? 다른 사람이나 우리 모두에게 제안하고 싶은 것은 무엇인가요? 구체적으로 실행 가능한 제안을 할 수 있을까요?

질문6: 이행 동의한 내용을 확인하고 서명해주시겠어요?

질문7: 회복적 서클 대화모임을 마치고 난 지금 기분은 어떤가요?

8. 전체에서 시연한 사례로 3명씩(또는 그 이상) 모둠으로 모여 회복적 서클 연습하기

(A는 진행자, B와 C는 각각 갈등 당사자 역할)

1) A가 먼저 회복적 서클 진행자가 되고 B, C는 갈등 당사자가 된다.

2) A만 회복적 서클 진행지를 본다. B, C는 역할에 집중해 진행자의 질문에 대답한다.

〈뒷면 회복적 서클 진행지 참고〉

9. 전체 모여 나눔 질문으로 연결하기

· 나눔질문1 · 회복적 서클 진행자 경험이 어떠했나요? 어려운 점은 무엇이었고 흥미로웠던 것은 무엇이었나요?

· 나눔질문2 · 갈등 당사자 역할을 하면서의 경험은 어떠했나요? 마음이 열리거나 닫힌 순간이 있었나요?

· 나눔질문3 · 회복적 서클을 하며 새롭게 배운 것이나 소감 등은 어떠한가요?

10. 체크아웃: 간단한 충전 놀이로 마무리한다.

〈 회복적 서클 진행지 〉

회복적 서클 안내와 진행지

진행 절차: ① 인사 ② 대화모임 동의확인 ③ 대화모임 안내 ④ 회복적 서클 진행

○ 인사: 잠깐! 안녕하세요? 저는 ○○○입니다.

○ 대화모임 동의 확인: 무슨 일이 있었는지 서로 같이 이야기 나눌까요?

○ 안내: 회복적 서클 방식으로 이야기를 하고자 합니다.

☞ 도입

저는 진행자 ○○○입니다. 한 사람이 이야기하면 한 사람은 들은 대로 이야기해 주시기 바랍니다. 원활한 소통이 되기 위해서 우리가 지켜야 할 규칙이 있는데, 확인하면 ~입니다. 더 필요한 규칙이 있을까요? 이 규칙에 동의하십니까?

1. 사실확인

진행자: 무슨 일이 있었나요? 누구부터 이야기 할까요? 예) A가 먼저 말한다.

진행자: (B에게) 무엇을 들었나요? (B가 A가 말한 것을 그대로 반복한다.)

진행자: (A에게) 그것이 맞나요? (A는 대답한다.)

진행자: (A에게) 더 추가하고 싶은 게 있나요? (A가 말한다.)

 -B에게도 위의 질문을 반복한다.

2. 상호이해

진행자: 그 일로 인해 지금 마음이 어떤지 누가 무엇을 알아주었으면 하나요? 누구부터 이야기할까요? (예-A가 먼저 말한다.)

진행자: (B에게) 무엇을 들었나요? (B가 A가 말한 것을 그대로 반복한다.)

진행자: (A에게) 그것이 맞나요? (A는 대답한다.)

진행자: (A에게) 더 이야기하고 싶은 게 있나요? (A가 말한다.)

-B에게도 위의 질문을 반복한다.

3. 자기책임

진행자: 그 일이 생겼을 때 진심으로 원했던 것이 무엇인가요? 누가 무엇을 알아주기를 원하나요? 누구부터 이야기할까요? (예-A가 먼저 말한다.)

진행자: (B에게) 무엇을 들었나요? (B가 A가 말한 것을 그대로 반복한다.)

진행자: (A에게) 그것이 맞나요? (A는 대답한다.)

진행자: (A에게) 더 이야기하고 싶은 게 있나요? (A가 말한다.)

-B에게도 위의 질문을 반복한다.

4. 동의된 행동

① 앞으로 어떤 관계가 되길 기대하나요? (돌아가며 이야기한다)
② 우리가 기대하는 것을 위해 자신이 할 수 있는 것은 무엇인지 각자 이야기해 주세요.
③ 다른 사람에게 또는 우리 모두에게 제안하고 싶은 것은 무엇인가요?
④ 구체적으로 실행 가능한 제안을 할 수 있을까요?
⑤ 추가로 더 논의할 것이 있을까요? 그럼 제가 정리를 해 보겠습니다.
⑥ 합의문을 작성하겠습니다.

기본 규칙(예시)

1. 각자 말하는 차례를 존중하며 순서를 지킨다.
2. 진행자가 들은 대로 반복해서 말해 주라고 요청할 때, 기꺼이 응한다.
3. 이야기를 진행하는 동안 화가 나더라도 폭력이나 욕은 사용하지 않는다.
4. 이번 대화 모임의 모든 내용은 비밀로 지킨다.
5. 대화모임 시간 동안에는 휴대전화를 무음으로 해둔다.

· 16차시 _ 감사 표현하기

<서클 준비>

1. **목적**: 일상에서 감사 표현을 생활화하고, 긍정적인 마음을 기른다.

2. **자리 배치 및 준비물**: 좌석 동그랗게 배치, 센터피스, 토킹스틱, 활동지, 필기도구, 종

<서클 활동>

3. **침묵으로 초대하기**: 종소리에 맞춰 잠시 침묵하는 시간을 갖겠습니다.

4. **체크인**: 지금 느낌은 어떤가요? 내가 들었을 때 기분 좋은 말은 무엇인가요?

5. **우리들의 약속 확인하기**: 상대의 이야기 끝까지 들어주기, 비밀보호 등

6. **전체 나눔질문으로 연결하기**

   · 나눔질문1 · 내 인생에 큰 영향을 주었거나 내가 고맙게 생각하고 있는 사람을 머리에 떠올려볼까요? 누구이고, 어떤 점이 고마웠나요?

   · 나눔질문2 · 감사함을 느낀 사람에게 주로 어떤 방식으로 마음을 표현하나요?

7. **감사 표현하기**

   1) 활동지를 참고하여 예시 자료를 보며 비폭력대화 요소를 넣어 상대에게 감사함을 표현해보도록 안내한다. 〈뒷면 활동지 참고〉

   2) 활동지 1번에 상대에게 감사 표현하기 활동을 각자 예시를 참고해서 작성한다.

8. **전체 나눔질문으로 연결하기**

   · 나눔질문 · 활동지 '감사 표현하기'에 적은 내용을 돌아가며 말해볼까요?

9. **체크아웃**: 활동을 하고 나서 지금 어떤가요? 새롭게 배운 것이나 소감 등은 무엇인가요?

* 엽서, 카드, 휴대전화 문자나 메신저를 이용해 작성한 내용을 직접 전달하거나 표현해보게 해도 좋다.

〈 감사 표현하기 활동지〉

상대에게 감사 표현하기 (관찰, 욕구, 느낌 순서로)
- 내 인생에 큰 영향을 주었거나 내가 고맙게 생각하고 있는 사람을 머리에 떠올려 천천히 생각해본다.

• 예시

누구인가?	친구(홍길동)
그 사람이 한 구체적인 말과 행동	발목 부상으로 목발을 짚고 다닐 때 내 짐을 들어준 것
그 행동으로 인해 충족된 나의 욕구	배려, 공감, 이해, 친밀한 관계, 도움, 우정
그 일을 떠오르면 드는 지금의 느낌	든든한, 따뜻한, 친근한, 고마운
감사 표현하기	길동아, 내가 목발을 짚고 다닐 때 네가 내 짐을 들어줬잖아. (관찰), 그때 계단 오르고 내리기가 불편했는데 너의 배려로 많은 도움을 받았어. (욕구) 지금도 그때를 생각하면 든든하고 마음이 따뜻해. 고마워. (느낌)

누구인가?	
그 사람이 한 구체적인 말과 행동	
그 행동으로 인해 충족된 나의 욕구	
그 일을 떠오르면 드는 지금의 느낌	
감사 표현하기	

공동체로 나아가기

· 17차시 _ 존중의 학급문화 만들기

<서클 준비>

1. 목적: 학교나 학급에서 존중받았던 경험을 떠올려보고 자신과 친구들에게 원하는 것을 찾아보고 구체적인 행동 부탁을 찾아 공유한다.
2. 자리 배치 및 준비물: 좌석 동그랗게 배치, 센터피스, 토킹스틱, 욕구목록표, 색지카드(A4 1/4), 활동지, 필기도구, 종

<서클 활동>

3. 침묵으로 초대하기: 종소리에 맞춰 잠시 침묵하는 시간을 갖겠습니다.
4. 체크인: 지금 느낌은 어떤가요? '존중'이라는 단어를 들으면 떠오르는 색깔이나 모양이 있나요?
5. 우리들의 약속 확인하기: 상대의 이야기 끝까지 들어주기, 비밀보호 등
6. 전체 나눔 질문으로 돌아가며 연결하기

· 나눔질문1 · 학교나 학급에서 즐겁거나 만족스러웠던 경험을 이야기해 주세요.

· 나눔질문2 · 학교나 학급에서 힘들거나 불만족스러웠던 경험을 이야기해 주세요.

7. 존중의 문화를 위한 욕구와 부탁 찾기

1) 즐겁고 만족스러운 학교(학급)생활이 되기 위해 필요한 것을 욕구 목록을 보고 찾는다. 〈욕구 목록표 참고〉

- 엽서 크기의 색지카드를 주고, 찾은 욕구를 적게 한다.

(중요한 욕구 1~2개를 골라 색지카드에 욕구 1개씩 크게 적는다.)

2) 색지카드를 들고 자신이 쓴 욕구를 돌아가며 말한다.

- 설명이 끝나면 색지카드를 센터피스에 놓는다.
 3) 센터피스에 놓은 욕구들을 보면서 그 욕구들을 실현할 수 있게 내가 할 수 있는 행동 부탁, 친구들에게 요청하고 싶은 행동 부탁을 적는다. 〈뒷면 활동지 참고〉
 4) 작성한 부탁을 돌아가며 말하고, 센터피스에 동그랗게 놓는다.

8. 체크아웃: 활동을 하고 나서 지금 어떤가요? 오늘 나온 욕구 중에 기억나는 한 가지나 부탁 중에 기억나는 한 가지가 있나요?

* 욕구를 쓴 색지카드와 부탁을 적은 활동지는 교실 뒷면에 게시한다.

〈활동지〉

평화로운 공동체, 나와 우리들의 실천

이름 :

충족하고 싶은 욕구

내가 할 수 있는 행동	친구들에게 요청하는 행동

· 18차시 _ 학급 규칙 정하기

<서클 준비>

1. **목적**: 존중의 학급문화를 위해 구체적으로 실천할 약속을 정해 평화로운 학급 공동체를 만들어간다.

2. **자리 배치 및 준비물**: 좌석 동그랗게 배치, 센터피스, 토킹스틱, 포스트잇, 전지, 매직펜, 종

<서클 활동>

3. **침묵으로 초대하기**: 종소리에 맞춰 잠시 침묵하는 시간을 갖겠습니다.

4. **체크인**: 지금 느낌은 어떤가요? 규칙이 자신에게 도움이 되었던 경험이 있나요?

5. **우리들의 약속 확인하기**: 상대의 이야기 끝까지 들어주기, 비밀보호 등

6. **학급 규칙 정하기**

   1) 서로를 존중하고 평화로운 학급을 만들기 위해 학급 규칙으로 제안하고 싶은 것을 구체적인 내용으로 적게 한다.
   - 포스트잇을 이용해 제안하고 싶은 규칙을 1~2개씩 적게 한다. (한 장에 한 개씩)

   2) 자신이 적은 것을 돌아가며 발표한다.
   - 회의 진행자는 발표한 것을 칠판에 붙이면서 내용이 비슷한 것은 묶어 항목화한다.
   - 부정적인 표현은 되도록 긍정적으로, 모호한 내용은 구체적인 실천내용으로 수정한다.
     예) 지각하지 않기→ 등교 시간 지키기

   3) 제안한 실천사항에 한 개씩 동의 과정을 거친다. 동의하지 않는다면 무엇을 더 고려할 필요가 있는지도 확인한다.
   - 모두가 동의한 내용을 확인하고 전지에 별도로 정리해서 적는다.

7. **체크아웃**: 약속된 실천사항을 같이 읽어볼까요? 활동하고 나서 지금 어떤가요?

· 19차시 _ 학급회의 1 (서클 회의)

<서클 준비>

1. **목적**: 구성원 모두가 의견을 제시하고 참여하는 의사결정 구조를 경험하여 학생들의 자치 역량을 함양한다.
2. **자리 배치 및 준비물**: 좌석 동그랗게 배치, 센터피스, 토킹스틱, 종

<서클 활동>

3. **침묵으로 초대하기**: 종소리에 맞춰 잠시 침묵하는 시간을 갖겠습니다.
4. **체크인**: 오늘 기분은 어떤가요? 우리 학교 마음에 드는 한 가지는?
5. **우리들의 약속 확인하기**: 상대의 이야기 끝까지 들어주기, 비밀보호 등
6. **서클로 학급 회의하기**

   1) 오늘은 '학급 단합대회' 때 무엇을 할지 정하는 회의입니다. 토킹스틱을 들고 돌아가면서 의견을 나눠 주세요. '영화 보기' 이렇게 단어로만 표현해 주면 됩니다. 앞 사람이 제안한 것을 반복해도 됩니다. 먼저 학교의 단합대회 지침 등을 확인한다.
   - 학급 서기는 내용을 칠판 1번에 순서대로 기록한다. 〈뒷면 칠판 기록 양식 참고〉

   2) 다시 한번 토킹스틱을 돌릴게요. 자신이 어떠한 이유로 단합대회 내용을 제안했는지 어떤 의미에서 중요한지 돌아가며 말해 주세요. 되도록 간단하게 표현해 주세요.
   예) 같은 영화를 보면, 내용을 모두 아니까 서로 이야기도 하면서 더 친해집니다.
   - 학급 서기는 의미와 가치를 칠판 2번에 순서대로 기록한다.

   3) 단합대회 내용과 그 의미와 가치를 들어보았습니다. 이제 거수를 하여 가장 많이 나온 내용으로 결정하겠습니다. 내용별로 손을 들어주세요.

   4) 제안된 내용 중 '음식 만들기'가 학급 단합대회 내용으로 선정되었습니다.
   - 모두가 동의한 내용을 확인하고 칠판에 적는다.

7. 체크아웃: 활동을 하고 나서 지금 어떤가요?

* 학급 단합대회 내용 선정 시 학교의 지침을 미리 공지한다.
  예) 불 사용 금지, 야간 시간 금지 등
* 과반수의 득표가 아닌 경우는 다득표 1, 2위만으로 다시 결선투표를 실시하여 결정한다. 이 사항은 투표 전에 미리 공지한다.

〈칠판 기록 양식〉

1. 관심사항 (단합대회 내용)	2. 의미와 가치 (제안 이유와 중요성)	3. 결정된 의견 (다수결 투표)
1.	1.	1.
2.	2.	2.
3.	3.	3.

· 20차시 _ 학급회의 2 (동의제 서클 회의)

<서클 준비>

1. **목적**: 엄지투표 방식과 동의제 의사결정 방법을 익혀 소수의 의견도 재확인하며 모두의 의견이 반영되고 참여하는 회의를 한다.

2. **자리 배치 및 준비물**: 좌석 동그랗게 배치, 센터피스, 토킹스틱, 종

<서클 활동>

3. **침묵으로 초대하기**: 종소리에 맞춰 잠시 침묵하는 시간을 갖겠습니다.

4. **체크인**: 지금 느낌은 어떤가요? 친구들과 함께 재미있게 놀았던 경험은? 재미있게 놀 수 있었던 이유는 무엇인가요?

5. **우리들의 약속 확인하기**: 상대의 이야기 끝까지 들어주기, 비밀보호 등

6. **동의제 서클로 학급 회의하기**

    1) 오늘은 '학급 수업 분위기 조성'에 대한 구체적인 실천 방법을 의논하고 결정하는 회의입니다. '과제를 해온다.' 등 간단하게 돌아가면서 의견을 이야기해 주세요.

    - 학급 서기는 내용을 칠판 1번에 순서대로 기록한다. <뒷면 칠판 기록 양식 참고>

    2) 다시 한번 토킹스틱을 돌릴게요. 자신이 어떠한 이유로 그 방법을 제안했는지 어떤 의미에서 중요한지 돌아가며 말해 주세요. 되도록 간단하게 표현해 주세요.

    예) 과제를 해오면 수업 때 토의 활동 등 적극적으로 참여할 수 있습니다.

    - 학급 서기는 의미와 가치를 칠판 2번에 순서대로 기록한다.

    3) 제안된 방법과 그 의미와 가치까지 들어보았습니다. 이제 엄지투표를 하여 제안된 방법별로 동의 절차를 거쳐 정하도록 하겠습니다.

    - 1번부터 엄지투표를 실시한다.

    (투표 전에 실천 방법의 개수를 미리 제한할 수도 있다. 예) 실천 방법은 5개만 정하겠

습니다.)

- 서기는 엄지투표 결과를 3번에 기록한다.
- 찬성이 많이 나온 의견(참여자의 2/3 찬성)은 채택하고 반대가 많이 나온 의견은 채택하지 않는다. 단, 찬성이 많이 나온 의견 중 조건부 동의나 반대표가 나오면 다음과 같이 질문한다.

4) 조건부 동의나 반대 의견을 내신 분은 어떤 것이 더 고려되어야 하는지 말씀해주시겠어요?

- 의견을 들은 후에 원안과 제안의 장점과 의미를 고려한 수정안을 확인하며, 수정안에 대한 엄지투표를 실시한다. 필요하면 위의 투표하기와 결정하기를 반복하여 합의된 결과에 도달한다.

5) 학급 수업 분위기를 위해 다음과 같이 실천하기로 결정되었습니다.

- 모두가 동의한 내용을 확인하고 칠판이나 전지에 적는다.

7. 체크아웃: 활동을 하고 나서 지금 어떤가요?

*엄지투표: 엄지를 세우면 찬성, 엄지를 옆으로 하면 조건부 동의, 엄지를 내리면 반대
*참여 인원의 몇 %까지를 찬성으로 채택할지 미리 합의한다.

가령 90% 이상 찬성으로 채택하는 경우에는 참여자 수가 30명일 때는 27명 이상의 찬성으로 채택한다. 3명까지의 반대는 통과로 처리한다.

⟨칠판 기록 양식⟩

1. 관심 사항 (단합대회 내용)	2. 의미와 가치 (제안 이유와 중요성)	3. 동의 확인 (엄지투표)	4. 추가 수정 의견 (수정 동의안)
1.	1.	1.	1.
2.	2.	2.	2.
3.	3.	3.	3.

6장
서클로 나아가기

1. 서클대화의 실천 의미

서클대화는 끊임없이 자신을 들여다보게 한다.

서클대화는 한 사람의 진정한 변화는 외적 강요에 의한 것이 아니고 자발적인 알아차림에서 시작된다는 것을 깨닫게 한다. 누군가의 가르침이나 강요가 아닌 자기 내면에서 올라오는 지혜를 서클대화 안에서 만날 수 있다.

파커 J. 파머는 '우리는 우리의 자아를 가르친다(We teach who we are)'[21] 라고 했다. 서클대화는 내면의 교사가 들려주는 소리에 집중하여 자신의 내적인 힘을 발견하게 한다. 왜곡된 생각과 편협된 신념으로부터 분리된 자신을 돌아보게 하고, 다시금 정체성과 소명을 찾아 일과 삶을 통합할 수 있는 용기와 실천력도 키우게 한다.

서클대화는 비폭력과 평화를 지향한다.

서클대화는 내 안의 폭력성과 우리 문화 속에 일상화된 폭력에 대해 알아차리게 한다. 내 편이 아니면 적이라고 생각하는 이분법적 사고에 얼마나 자동 반응하고 있는지 알게 되고, 폭력성을 부채질하는 요소들이 어떻게 작동하는지 보게 한다.

또한 서클 안에서 경험한 다양성의 환대와 수용이 혐오와 차별과 같은 사회적 폭력을 줄이고, 삶을 더 풍요롭고 창조적으로 만들게 한다. 서클대화는 공동체 안에서 발생하는 폭력과 갈등을 협력적으로 푸는 방법을 제시하고 평화의 가치를 나눈다.

서클대화는 평화로운 관계를 맺게 한다.

서클대화는 자극과 반응 사이에 멈추는 힘을 키우게 한다. 비난과 강요 등의 습관적인 반응으로 갈등을 심화시키지 않고, 자극을 받는 상황에서도 나와 상대의 느낌과 욕구를 알아차리고 표현하도록 돕는다. 멈춤과 선택이 관계를 평화롭게 한다.

또한 서클대화는 상처 주지 않으면서 서로의 진심이 들려지도록 한다. 안전함을 조성

---

21) 파커 J. 파머, 가르칠 수 있는 용기, 이종인, 이은정 옮김, 한문화, 2013, p35.

하는 대화 규칙과 소통 방식을 통해 갈등을 해결하도록 돕는다. 자신들의 갈등을 스스로 다루도록 힘과 용기를 주며 관계를 평화롭게 유지하는 데에 도움을 준다.

서클대화는 치유와 회복을 준다.

서클대화는 자기 안의 선택과 답이 필요한 순간에 질문을 주고, 그 질문은 실마리를 제공한다. 섬세하고 느릿하게 작업하도록 자기 탐색을 도와 자신과 만나게 한다.

서클대화의 공간은 환대와 평화를 누릴 수 있는 온전한 휴식처이다. 어떠한 요구도 강요도 존재하지 않는다. 자신의 여린 모습을 드러내고 온전하게 수용되는 경험은 우리를 치유하고 회복하게 한다. 서로를 순수한 존재로서 만나게 한다.

서클대화는 공동체 문화를 형성한다.

서클대화는 자발적 참여와 모두의 참여를 이끈다. 공동체 문화에서 중요하게 여기는 가치는 존중과 배려, 연결과 협력, 자율과 민주적 의사소통 등이다. 이러한 가치의 실현은 구성원 누구나 선한 의도와 돌보고 싶은 욕구에 기반해 행동하고 있다는 믿음에서 시작되며, 다양성과 차이를 존중할 때 가능하다.

서클대화는 우리를 공동의 지혜로 이끌어준다. 서클 안에서 각자가 온전하게 드러내는 지혜의 힘이 서클에 퍼져 그것이 모두에게 영향을 주고, 다시 그것이 공동의 지혜를 발휘하게 한다. 서클대화는 다양한 대화방식과 구조를 통해 공동의 지혜가 발현되고 실행되는 모습을 구체화하여 보여준다.

2. 서클대화 실천의 어려움

서클대화가 갖는 가치와 의미에도 불구하고, 실천하기에는 몇 가지 어려움이 있다.

서클로 만나기는 주류 문화가 아니다. 서클대화는 대항 문화적이다.

서클대화는 사회의 지배적인 가치 체계와 생활방식들에 다른 목소리를 낸다. 빠르게 살아가기를 요구받는 문화 속에서 속도를 늦추고 마음을 나누게 한다. 결과에 치중하는 문화에서 과정이 중요하다고 한다. 성과 중심 문화에서 일의 가치와 의미를 보자고 한다. 자신의 주장을 내세우는 문화 속에서 침묵으로 내면의 소리를 듣고 타인의 진심을 듣기 위해 귀 기울이자고 한다.

하루라도 바빠 남들보다 앞서려는 경쟁의 문화에서 한 사람의 지친 영혼을 위해 그의 삶의 이야기를 듣고, 함께 돌보며 길을 찾자고 한다. 지위나 역할로 만나며 옳고 그름을 판단하기보다는 그것 너머에 있는 존재와 연결되어 마음을 열고 대화하게 한다.

고착된 문화를 바꾸는 것은 시간도 오래 걸리고 많은 저항에 부딪힌다. 서클로 둘러 앉기까지는 상당한 노력과 결단이 필요하다. 낯섦은 저항감을 불러일으키고 새로운 시도는 과연 그것이 실현 가능할까 하는 의구심을 갖게 한다. 또 혹자는 서클을 문제해결의 도구로 받아들여 빠른 해결책을 찾고자 한다. 그러나 서클은 답을 제공하지 않는다. 다만 함께 그 고통에 공감하고 그 소리에 경청한다. 그리고 그 답을 스스로 찾을 수 있도록 서클 동료들이 안전한 공간을 만든다. 자신의 진실을 듣도록 질문하며, 자신의 여림을 드러내는 순간에 함께 그 공간에 머무르며 침묵으로 지지와 격려를 보낸다.

서클대화는 자신의 깊은 내면을 들여다보고, 서로의 진심과 연결하고자 한다. 그러기 위해선 충분한 시간이 필요하다. 서클에서 효율성을 찾는 것은 오히려 그 고통을 멈추게 할 지혜를 발견하기 어렵게 만든다. 그러기에 서클은 더디 가는 것을 자연스러움으로 받아들인다.

우리 사회가 위계적 조직문화와 엄격한 매뉴얼에 의해 움직인다는 것이다.

기존 조직 체계와 제도적 질서는 그 나름의 중요한 가치를 지키기 위해 존재한다. 그러나 그것을 위한 수단이나 방법이 한 가지일 필요는 없다. 그것만이 옳다며 고수하고 다른 것은 모두 틀리고 위험한 것으로 치부해서는 안 된다. 특히 현재의 수직적 조직문화는 힘의 위계 속에서 일방적 소통 방식을 취한다. 어떠한 업무를 처리하거나 해결해야 할 현안이 생겼을 때 힘의 우위에 있는 권위자에 의해 의사가 결정된다. 고민하고 숙고하여 다수가 합의한 사항임에도 한 사람의 힘으로 그것이 묵살되거나 바뀐 내용이 설명 없이 통보되기도 한다.

한편으로는 권위자의 독선을 비난하면서도 적극적인 개선의 노력을 하지 않고, 그 권위에 의존하여 일을 처리하기도 한다. 그런 경우 자신의 의지나 선택이 아니기 때문에 그 결과에 책임지지 않아도 되고, 만족스럽지 못한 결과가 나왔을 때는 결정을 내린 권위자나 외부 상황 탓으로 돌릴 수 있기 때문이다.

업무처리 매뉴얼을 바라보는 관점도 위와 다르지 않다. 여러 상황을 고려하여 유연한 문제 해결방식을 제시하면 정해진 업무 매뉴얼에 위반되거나 그대로 따르지 않았다는 비난을 받게 된다. 때로는 다른 방식으로 해결할 수 있음을 알면서도 매뉴얼대로만 처리하기도 한다. 매뉴얼대로 하면 쉽게 문제를 해결할 수 있고, 그것을 지키지 않았을 때의 책임을 피할 수 있기 때문이다.

우리는 자의든 타의든 기존의 경직된 조직문화와 매뉴얼의 영향에서 자유롭지 못하다. 권위자와 매뉴얼에 의한 결정이든, 그것에 기댄 결정이든 이 두 가지 방식으로는 자신의 마음과 진심을 돌볼 수 없고, 진정으로 원하는 것이 무엇인지 살필 수 없다.

서클대화는 수직적 구조가 아닌 수평적 구조를 지향한다. 서클에서는 모두가 동등한 힘을 갖고 공동의 리더십을 통해 책임을 분배한다. 그래서 이전과는 다른 방식으로 자신의 의사를 결정하게 한다. 강요에 의하지 않고, 자발적 의지와 참여로 선택하게 한다. 그래서 주체로 살 용기가 필요하다. 그리고 그 용기를 지지할 공동체도 필요하다.

그래서 서클은 함께 돌보는 공동체를 만들기 위해 자신에게 솔직하고 서로를 존중하는 안전한 공간을 만드는 데 중점을 둔다. 모두의 참여와 동의로 안전한 공간을 형성하기 위한 가이드라인(실천 약속) 등을 정한다. 그리고 서클 안에서 그 약속에 기반해 서로를 대하고 대화하며 존재로 수용되는 경험을 한다. 한 사람의 힘이나 공식화된 매뉴얼에 의존하지 않는 서클대화는 제3의 문제해결이나 가능성에 열려있는 창조적 대화로 나아갈 수 있다.

사회는 정의를 응보적 시스템 속에서 찾는다.

응보적 시스템은 범죄나 잘못된 행위를 했을 때 그에 마땅한 처벌을 해야만 앞으로 그러한 행위를 하지 않는다는 의식과 신념, 제도적, 법적 장치이다. 고대부터 내려오는 응보적 방식은 가정, 학교, 사회에서 뿌리 깊게 자리잡혀 있다. 법적인 보호 아래 더욱더 그 방식과 신념은 견고해지고 '마땅히 그러해야 한다.'라는 의식을 강화한다. 응보적 시스템은 가해자 처벌중심으로 모든 물리적, 시간적, 인적 요소를 투입한다. 그리고 처벌의 수위를 결정하는 모든 권한은 국가나 공적 기관에 위임된다. 피해당사자가 피해회복을 위해 자신의 요구를 직접 표현하거나 대화할 기회는 주어지지 않는다.

그래서 그 대안으로 나온 방식이 회복적 시스템이다. 회복적 시스템은 갈등 당사자들이 직접 문제를 해결하도록 만남의 기회를 제공한다. 가해행위로 인한 피해를 서로 확인하고 행위 당사자가 진정한 사과와 책임을 지게 한다. 또한 단절된 관계의 회복을 중요하게 여기고, 갈등 당사자들이 다시 그 공동체 안에서 살아갈 힘을 주고자 한다. 그렇다고 기존의 응보적 시스템을 인정하지 않고 오로지 회복적 방식으로만 잘못된 행위를 다루자는 것은 아니다. 응보적 방식이 놓치고 있는 부분을 보완할 수 있는 대안을 찾자는 것이다.

서클대화는 회복적 시스템을 지지한다. 갈등 당사자들이 스스로 갈등을 풀어갈 힘이 있음을 신뢰하고, 스스로 갈등을 풀 수 있게 대화의 기회를 제공한다. 그런데 회복적 시스템은 아직 법적으로 제도화되어 있지 않다. 응보적 시스템 속에서 회복적 시스템을 실천하려는 사람들에게는 선택에 대한 강한 책임이 따른다. 이 방법으로 갈등을 다루려고 할 때 예기치 못한 비난이나 신분상의 불이익을 받을 수도 있다.

가령, 학교폭력 사안이 생겼을 때 학교폭력 관련 법률이나 처리 매뉴얼에 따르면 우선 분리 조치가 시행되어야 하고, 가해행위에 따라 1호부터 9호까지 징계하게 되어있다. 처리 매뉴얼에는 관계회복 프로그램을 학교폭력 사안 처리 과정에서 적용할 수 있다고 명시되어 있다. 하지만 엄격한 사안처리 규정 내에서 적용하려고 보면 적절한 시기를 놓치거나 갈등 당사자들이 원하지 않아도 법적 절차를 밟아야 할 때도 있다. 그런 경우 진정한 관계 회복의 의미를 살려내기가 어렵다.

그리고 이러한 관계 회복을 위한 교사의 노력이 어느 한쪽만 감싸려고 하는 거 아니냐, 학교에서 폭력 사안을 무마시키기 위한 것이 아니냐며 그 진심을 오해하기도 한다. 때로는 법이나 안내서대로 하지 않았을 때 민원이나 행정소송 등에 휩싸이지 않을까 하는 두려움도 생긴다. 이러한 여러 이유로 서클대화의 실천이 어렵다.

그러나 갈등을 평화롭게 푸는 방법의 하나로 강력한 것은 대화이다. 안전하게 대화할 수 있는 시스템을 서클대화는 지원한다. 그러나 서클대화를 진행하는 훈련과정이 더디고 길다. 평화적 갈등 해결에 도움을 주고자 하는 자신의 의도와 늘 연결되어야 하고, 갈등 당사자들 간의 긴장을 견딜 수 있도록 자기중심도 잡아야 한다. 그러기에 서클대화를 진행하기 위해서는 충분한 훈련과 진행 경험이 필요하다. 그래서 아직은 회복적 시스템을 만들기 위한 인적 자원이 적어 그 지지기반이 약하다. 동력이 부족하니 서클대화를 실천하려는 것은 힘든 도전이 되고 용기가 필요하다.

우리도 대항 문화적 시스템이 필요하다. 서클의 힘이 작동하는 시스템은 어떤 모습일까? 그것은 피해를 회복하고 억울한 사람이 없도록 사랑에 기초한 시스템, 내적인 본성에 기초한 시스템이다. 법과 매뉴얼 안에서도 서로를 존재로 바라보도록 속도를 천천히 하는 것, 서클의 요소를 적용할 수 있는 범위를 확장하는 것, 갈등을 마주하고 전환할 수 있도록 서클대화의 배움과 실천이 필요하다. 새로운 시스템은 법적·제도적 요구에 의한 것이 아니라 구성원들의 자발적 동의에 의해 만들어지고 유연하게 작동하는 시스템이다. 그래서 동료 집단의 지지와 함께함이 절실하다. 그러기 위해서 서클의 가치와 실천에 대한 의미의 공유와 자발적 참여가 필요하다.

서클을 신뢰하기까지는 많은 시간과 경험의 축적이 필요하다.

처음에는 서클로 둘러앉아도 서로를 신뢰하지 못하고 긴장을 내려놓기 어렵다. '서클 안에서 나를 드러내는 것이 안전한가?' 하는 의심은 곧 두려움이 된다. 그 두려움은 수용 받지 못하고 비난받았던 과거의 비극적 경험으로부터 온다.

그러나 우리는 자신의 두려움을 받아들일 용기와 시간을 내야 한다. 그 두려움을 마주하고 한발 나아갈 용기와 시간이 필요하다. 그 용기와 시간은 누군가 부여해줄 수 없다.

서클대화를 통해 평화적 갈등 해결과 관계 회복을 경험한 학생들은 다시 갈등이 생겼을 때 서클을 찾는다. 그렇듯이 긍정적 경험의 시간과 그 축적이 필요하다. 이전의 방식이 문제해결에 도움이 되지 않는다는 것을 알았다면 새로운 방식에 도전하려는 마음을 내야 한다. 그 도전이 성공적이었을 때 우리는 삶의 지혜 하나를 경험으로 배운다. 대부분 학생들은 새로운 것을 받아들이고 배우는데 빠르기에 서클대화가 정착되어 새로운 문화가 될 거라는 희망을 품을 수 있다.

서클이 일상이 되려면 서클에서 어떤 목적을 이루려고 하기보다는 서클을 즐기는 것이 필요하다. 서클 그 자체가 목적이 되는 것이다. 세상에 의미 있는 진정한 변화는 자연이 생명을 키워내듯이 눈에 보이지 않지만 매일 조금씩 천천히 나아가며 이루어진다. '평화로 가는 길은 없다. 평화가 길이다.'라는 간디의 말처럼 평화는 목적지에서 만나는 목표와 완성의 길이 아니다. 끝나지 않을 길이기에 서클대화가 일상에 스며들어 두려움에 기초한 선택이 아니라 사랑에 기초한 평화의 길이 되길 바란다. 서클대화는 그 길을 가는데 우리의 일상을 풍요롭게 하는 멋진 놀이터가 될 것이다.

3. 서클대화가 학교 현장에 만들어내는 변화

한국에서 서클 활동은 점차 확산되고 있다. 서클 관련 프로그램을 진행하는 시민단체들이 늘어나고 있고, 단체 간의 연합활동도 적극적으로 이루어져 서클의 가치와 원리, 방식 등을 확산시키고자 하는 운동도 펼쳐지고 있다. 학교 단위에서도 회복적생활교육 연구회, 회복적 서클 교사 동아리, 또래 조정 학생동아리 등 서클대화 모임이 생겨나고 있다. 교육청 단위에서도 비폭력대화, 회복적 서클, 민주적 학교자치, 학생자치를 위한 리더십 등의 주제로 서클대화 방식의 교육들이 확산되고 있다.

서클대화는 학교 현장에서 적용되었을 때 다음과 같은 효과가 있다.

첫째, 교사의 역량 강화와 질적 향상이다.

교육의 질은 교사의 질을 넘지 못한다고 한다. 그렇다면 눈에 보이지 않는 교사의 질을 어떻게 가늠할 수 있는가? 그것은 누구보다도 교사 자신이 먼저 안다.

자신의 지금의 몸이나 기분 상태를 1부터 10까지의 범위에서 찾아본다면 어느 정도 되느냐는 질문을 받았을 때 사람 대부분은 10개의 숫자 중 정확하게 한 가지를 말한다. 그렇다고 교사의 질을 숫자로 표현하자는 말은 아니다. 자신이 가장 잘 안다는 말은 교사로서의 자신감과 정체성을 가지고 살아가고 있는지를 스스로 물어보는 것이다. 그 질문을 품고 스스로 질문을 던지게 하고, 그 안에서 교사로서 자신의 역량과 건강성을 의식하게 해 보는 것이다. 서클 대화는 끊임없이 자신에게 질문을 던지게 하고, 혼자가 아니라 서클의 역동 안에서 교사로서의 정체성을 찾고 유지하도록 돕는다.

둘째, 학생들이 평화롭게 관계 맺도록 지원한다.

서클대화를 배우고 경험한 교사들은 학생들의 평화로운 관계 맺기를 도울 수 있다. 학생이 힘들고 도움이 필요할 때 비폭력 대화로 공감한다. 공감받은 학생은 스스로 자신의 고통에서 빠져나오는 답을 찾아갈 수 있다. 칼 로저스는 '변화와 배움을 가져올 수 있는 것은 강력한 공감의 힘'[22] 이라고 했다. 자신의 감정을 알아주는 상대의 말 한마디가 자신의 행동을 돌아보게 하여 스스로 그 행동을 수정하며 변화한다는 것이다.

학생들의 갈등을 회복적 서클이나 문제해결 학급서클 방식으로 지원할 수 있다. 갈등 당사자인 학생들이 스스로 갈등을 풀어가며 관계를 회복하도록 지원할 수 있다. 청소년 평화수업을 통해 학생들의 평화 감수성을 성장시키고 사회정서 역량을 향상해 학교폭력을 예방하고 안전하고 평화로운 학교 만들기에 기여할 수 있다.

셋째, 적극적인 참여 수업이 가능하다.

서클대화는 모두가 참여할 기회를 제공한다. 자신의 자발성에 기반해 말할 때와 멈출 때를 선택한다. 상대의 이야기를 중간에 끼어들지 않고 끝까지 경청한다. 이러한 서클대화를 수업에 적용할 때 학생들은 대화와 협력을 통한 배움을 경험할 수 있다. 정해진 답을 찾기보다 열린 질문으로 주제를 탐색하며 열린 답을 찾아간다. 활동 중심으로 모두가 참여하며 함께 대화하고 창의적인 문제해결로 나아갈 수 있다.

넷째, 민주적 학교문화를 형성한다.

서클대화는 누군가의 힘과 권위에 의존하는 삶의 방식에서 벗어나, 자기 삶의 선택과 책임을 스스로 감당하게 한다. 학교의 다양한 회의에 서클대화 방식을 적용한다면 민주적 자치문화 정착에 큰 도움이 된다. 서클대화의 모든 과정은 민주적 대화 문화를 만든다. 특히 민주주의의 의사결정 방식인 다수결 제도를 보완하여 소수의 의견도 존중한다. 모두의 의견이 표현되고 반영되는 문제해결을 가능하게 한다. 그렇게 하여 모든 구성원이 참여자가 되도록 한다.

다섯째, 교사 커뮤니티를 통한 돌봄과 성장이 가능하다.

교사들이 학교에서 다양한 서클로 만나고 대화할 수 있다면 각자가 고립된 외로움에

---

22) 칼 로저스, 사람 중심 상담, 오제은 옮김, 학지사, 2014, p153.

서 벗어날 수 있다. 서클로 둘러앉아 힘의 우열을 내려놓고 동등한 존재로 만나 교사들은 커뮤니티를 이루게 된다. 이 커뮤니티에서 교사들은 함께 대화하는 것만으로도 서로를 돌보고 각자는 아픔을 치유하고 회복할 수 있다. 서로 신뢰할 수 있는 공동체가 형성되면 그때부터 우리는 서로를 함께 돌볼 수 있게 된다.

기성 문화에서 새로운 문화로의 변화를 시도하는 것은 언제나 어렵고 도전받는 일이다. 그러나 우리 세계의 진보는 그런 무모해 보이는 도전을 기반으로 조금씩 진행되었다. 서클대화는 새로운 문화로의 전환이다. 서클대화는 이미 검증된 '오래된 미래'이기도 하다. 지금 우리에게 필요한 실천은 용기 내어 도전하는 것이다. 한 명이 두 명이 되고 두 명이 네 명이 되어 함께 하면 그것은 우리의 문화로 자리 잡을 것이다. 마음 열기부터 시작해보자. 한 번의 시도가 여러 학교로 점점 퍼져나간다. 경쟁과 고립의 문화에서 협력과 서로 돌봄으로 함께 나아가기를 제안한다.

* 참고 문헌과 자료

- 마셜 M. 로젠버그, 비폭력대화, 바오, 2009.
- 파커 J. 파머, 가르칠 수 있는 용기, 한문화, 2013.
- 파커 J. 파머, 다시 집으로 가는 길, 한언, 2014.
- 파커 J. 파머, 모든 것의 가장자리에서, 글항아리, 2018.
- 마셜 M. 로젠버그, 삶을 풍요롭게 하는 교육. 한국NVC센터, 2009.
- 루시 루, 비폭력대화 워크북, 한국NVC출판사, 2012.
- 캐서린 한, 비폭력대화 NVC1 워크북, 한국NVC센터, 2013.
- 나다 아나토비치-시비치, 스마일키퍼스2, 한국NVC출판사, 2016.
- 케이 프라니스, 서클 프로세스, 대장간, 2015.
- 캐틀린보이스-왓슨, 케이 프라니스, 서클로 나아가기, 대장간, 2018.
- 크리스티나 볼드윈, 앤 리니아, 서클의 힘, 초록비책공방, 2017.
- 박성용, 회복적 서클 가이드북, 대장간, 2018.
- 케이 프라니스, 베리 스튜어트, 마크 웨지, 평화형성서클, KAOP, 2016.
- 하워드 제어, 회복적 정의란 무엇인가, 대장간, 2014.
- 경기도교육청, 회복적 생활교육 매뉴얼, 효성인쇄문화사, 2014.
- 정진, 회복적 생활교육 학급운영 가이드북, 피스빌딩, 2016.
- 크리스 메르코글리아노, 두려움과 배움은 함께 춤출 수 없다, 민들레, 2013.
- 라이너 마리아 릴케, 젊은 시인에게 보내는 편지, 고려대학교출판부, 2016.
- 독일 바이에른 아동철학아카데미, 나는 나야 그렇지?, 시금치, 2015.
- 복효근, 운동장 편지, 창비교육, 2017.
- 칼 로저스, 사람중심상담, 학지사, 2007.
- M. 스캇 펙, 마음을 어떻게 비울 것인가, 율리시즈, 2012.
- M. 스캇 펙, 아직도 가야 할 길, 율리시즈, 2011.
- M. 스캇 펙, 그리고 저 너머에, 율리시즈, 2011.
- 비폭력평화물결, 회복적 서클 입문 과정 워크숍 자료집. 비폭력평화물결, 2011.
- 비폭력평화물결, HIPP 진행자과정 워크숍 자료집, 비폭력평화물결, 2015.
- 교육센터 마음의씨앗, 함께 이끌기 워크숍 자료, 교육센터 마음의씨앗. 2019
- 지식채널e 제작팀, 지식채널e 1738회 위대한 질문 편, EBS, 2018.7.19.(목).
- 교육센터 마음의씨앗, 교육센터 마음의씨앗 네이버 블로그, 〈https://blog.naver.com/innerteacher〉

학교, 서클대화가 필요해!

발행일	초판 1쇄 2021년 11월 17일
	초판 2쇄 2021년 12월 15일
지은이	손연일, 심선화, 장경아
편집	김지홍
디자인	조혜원
펴낸곳	도서출판 북트리
펴낸이	김지홍
주소	서울시 금천구 서부샛길 606 30층
등록	2016년 10월 24일 제2016-000071호
전화	0505-300-3158	팩스 0303-3445-3158
이메일	booktree11@naver.com
홈페이지	http://booktree11.co.kr
값	16,000원
ISBN	979-11-6467-087-1 13370

· 이 책은 저작권에 등록된 도서로 저작권법에 따라 무단전재 및 복제와 인용을 금지합니다.
· 이 책 내용의 전부 및 일부를 이용하려면 저작권자와 도서출판 북트리의 서면동의를 받아야 합니다.
· 잘못된 책은 구입하신 서점에서 바꾸어 드립니다.

이 책은 광주광역시 동·서부교육지원청 '선생님의 책을 출판해 드립니다' 사업 선정 도서입니다.